能勢 仁［著］
Nose Masashi

The Publication
Data Book Of
The Heisei Era

平成出版データブック

『出版年鑑』から読む30年史

ミネルヴァ書房

はじめに

　平成30年10月に旬刊誌『出版ニュース』が平成31年３月末で休刊になることが業界紙に発表されました。この報道は大変なショックでした。
　私は昭和36年（1961年）から今日まで出版に関わって参りました。多田屋から平安堂，アスキー，太洋社，ノセ事務所（現在）と56年間出版業界に籍を置いております。
　昭和30年代のはじめに大学を卒業して，多田屋で家業に従事するようになりました。日本経済の高度成長が始まった頃です。出版業界もご多分に漏れず急成長しました。
　この間商売の糧にしていた本が，『出版年鑑』でした。日本・海外の出版事情を全方位に教えてくれる業界玉手箱のような本でした。出版関連事項すべてが掲載されている出版物は『出版年鑑』をおいて他にはありません。つまり『出版年鑑』は年度別の出版百科事典といっても過言ではありません。時系列，事項別にアレンジされているので，必要事項を探索することは容易でした。
　出版ニュース社ではこの間２回ほど出版年鑑を纏めた本を出版されました。１冊目は『新版・出版データブック　昭和20年→平成３年』です。２冊目は『改訂版・出版データブック　昭和20年→平成12年』です。この２冊は『出版年鑑』のデータをもとに戦後から平成12年までの出版界の動きがわかる資料集です。
　出版ニュース社のデータブックは平成13年以降まとめられていません。続編の意味でまとめてみることも意義のあることだと考えました。そこでこの思いを清田義昭社長に申し上げ，本書の執筆に取りかかりました。書名を『平成出版データブック──『出版年鑑』から読む30年史』とし，内容についても『出版年鑑』を大いに参考にさせて頂きました。

本書では平成を前・中・後期の3期に分けました。前期（平成元年から平成10年）は雑誌・書籍の実売部数，実売金額が最高に達した時代です。吉本ばななブームであったり，『Santa Fe』『マディソン郡の橋』など記憶に新しいです。大江健三郎のノーベル文学賞受賞も業界の後押しをしてくれました。

中期（平成11年から平成20年）に入り，出版業界は晴れのち曇りとなりました。何と言っても，中期の目玉は『ハリー・ポッター』シリーズの発刊でした。しかし，中央公論社の倒産，返品率上昇，専門取次の柳原書店や鈴木書店の破産等，出版不況の訪れを予感させる大きな出来事がありました。明るいニュースとしては，平成12年の「子ども読書年」を機に，朝の読書実施校が1万校を突破するなど，読書推進運動が広く推進されました。トーハンの「桶川計画」，大型書店の相次ぐ誕生，自費出版ブームは流通・販売に大きく貢献しました。

後期（平成21年から平成30年）は曇りのち雨，時々薄日でした。アマゾンの市場拡大は見逃せません。電子出版も活発化し，実売も2000億円を超えました。この時期の取次受難は見逃せません。七大取次時代は去り，二大取次時代になりました。しかし，両取次とも運送費問題に悩み，本業の黒字化では大苦戦の状態です。平成28年から「書高雑低」の出版業界になりました。欧米タイプの出版環境になることは，よいことです。脱委託，自主主流になりたいものです。

平成出版データブック
──『出版年鑑』から読む30年史──

目　次

はじめに

I 記録

1 平成出版通史 ·· 3
  平成前期（平成元年〜10年）出版天候　晴れ　4
  平成中期（平成11年〜20年）出版天候　晴れのち曇り　6
  平成後期（平成21年〜30年）出版天候　曇りのち雨，時々薄日　8

2 平成出版各年史 ·· 11
  平成元（1989）年〜　12
  平成10（1998）年〜　46
  平成20（2008）年〜　85

3 30年の変遷 ·· 129
  文庫市場　130
  コミック市場　132
  ムック市場　135
  公共図書館　138
  海外の出版物市場　141
  出版社の従業員数　150
  平成年間に消えた出版社・取次・書店　156
  書店新風会から見た書店の盛衰　172

II 統計・資料

4 出版統計（書籍・雑誌） ··· 179
  出版点数　180

iv

目　次

　　　返品率　183
　　　実売部数　184
　　　実売金額　186

5　出版界データ・資料 …………………………………………… 189
　　　都道府県別出版関係データ　190
　　　上場出版社　191
　　　上場取次・書店　192
　　　出版社創業年　193
　　　出版界版・今日は何の日　199

おわりに
索　引

Ⅰ 記　録

1 平成出版通史

　本章は，平成時代30年間を三つの時代に分けて概略したものである。平成前期（元年〜10年）は天候に準えると，晴れである。書籍・雑誌は部数・金額とも最高に売れた時期である。48億冊，2兆7,000億円にのぼった。平成中期（11〜20年）は晴れのち曇り。『ハリー・ポッター』シリーズに業界は救われた。平成後期（21〜30年）は曇りのち雨，時々薄日である。アマゾンが躍進，取次受難，自然災害が多かったが，団結も見られた。

　出典：J・K・ローリング（著）／松岡祐子（訳）『ハリー・ポッターと賢者の石』（静山社，平成11年）。

Ⅰ　記録

平成前期（平成元年〜10年）出版天候　晴れ

　平成前期の10年間で特筆すべきことは，出版史上最高の活況をみたことである。すなわち平成8年は実売部数・実売金額ともに過去最高であった。書籍・雑誌合計販売冊数は約48億冊であった。このことについては各年史でふれたのでご覧いただきたい。実売金額も2兆6,980億円で，平成29年（1兆4,406億円）の1.87倍である。実売下落率は書籍30.7％，雑誌は57.6％である。雑誌は最盛期の半分以下の現状である。

　この当時のことをもう少し詳しく見てみよう。それは平成元年から平成8年に至るあいだ，毎年実売金額は上昇していた。

　　平成元年→2年　　106.8％
　　平成2年→3年　　105.7％
　　平成3年→4年　　104.8％
　　平成4年→5年　　104.5％
　　平成5年→6年　　102.3％
　　平成6年→7年　　102.1％
　　平成7年→8年　　103.5％
　　平成8年→9年　　 99.2％
　　平成9年→10年　 97.7％

　しかし平成9年以降は下降現象に転じ，今日まで20年間の沈下をみている。
　平成元年，2年当時は女性誌，男性誌（中高年向け）の創刊が多かった。まだ携帯電話，SNSなどが情報メディアを浸食する時代ではなかった。書籍においても平成3年の『Santa Fe』の売行きは異常であった。島田陽子，荻野目慶子，マドンナの写真集も売れた。

これとは別に平成5年の「皇太子ご成婚写真集」も写真集ブームの一端をかついでいた。また平成前期は平成5年の『マディソン郡の橋』を筆頭に『磯野家の謎　正・続』『大往生』『ソフィーの世界』等ミリオンセラーが続出したことも特色である。平成6年に大江健三郎がノーベル文学賞を受賞し，出版界を賑わしたこともミリオンセラー誕生に加勢した。

また，平成前期終盤には幻冬舎，小学館が文庫マーケットに参入している。こうした出版活況のなか，誕生したのが大型書店であり，増床であった。このことは本書の各年史の平成8年を参照されたい。

出版活況の反面，平成7年の阪神・淡路大震災では出版界も大打撃を受けた。オウム真理教による地下鉄サリン事件も社会を震撼させた。前者については震災記録書，防災書が相次いで出版され，後者も同様に関連書が刊行された。この平成7年は戦後50周年に当たったので，関連書が続出した。また各版元による創業50周年記念のフェアが全国各地の書店で開催された。

平成前期の終盤は前年比割れが続いた。返品率は売上げの足を引っ張り，平成10年の書籍返品率は40％となってしまった。業界に暗雲が漂ってきたのである。

中央公論社の経営不振はすでに噂に上っていたが，表面化したのは平成10年である。1,130億円の負債を読売新聞社がそのまま引き継ぎ，100％子会社になった。中央公論新社の現在の積極的な出版活動を見ると，よい変身であったと思う。業界再編のはしりであった。

平成8年には電子出版が盛んになり，インターネットによる販売も具体化している。小学館が電子ブックの百科事典を発売している。ボイジャーと新潮社がエキスバンドブック「新潮文庫の100冊」を発売した。大月書店は創立50周年記念としてCD-ROM版の『マルクス・エンゲルス全集』を発売した。出版関連のウェブサイト（約200）も急増した。今後インターネットを通じた出版物の販売が増えることが予想される。

I 記録

平成中期（平成11年〜20年）出版天候　晴れのち曇り

　平成中期は前期10年間に比べ，前年割れが8年もある。平成13年と16年は前年比で109.8%，101.3%と前年を上回っている。これはいずれも『ハリー・ポッター』シリーズの売上げによるものであった。その意味で『ハリー・ポッター』ブームの実績は大きく，児童書復活，ミステリーファンが増えた功績は多大である。前期の好調な出版環境から下降現象を起こし，曇天状態になったことは否めない。『ハリー・ポッター』シリーズ発行の年だけ晴れ間となったのである。

　平成前期同様，各年ごとの浮沈を見てみよう。

　　平成10年→11年　　91.1%
　　平成11年→12年　　98.3%
　　平成12年→13年　　109.8%
　　平成13年→14年　　92.9%
　　平成14年→15年　　90.8%
　　平成15年→16年　　101.3%
　　平成16年→17年　　97.6%
　　平成17年→18年　　98.7%
　　平成18年→19年　　99.8%
　　平成19年→20年　　94.0%

　平成10年から20年に至る10年間の雑誌の実売下落率は22.5%であり，書籍は8.5%である。平成中期が『ハリー・ポッター』シリーズ様々であることがよくわかる。

　イギリスの作家，J・K・ローリング著，松岡佑子訳の第1〜7巻の児童文

学，ファンタジー小説である。第1巻は平成9年6月26日に発売された。すでにイギリスの出版界で売れていたので，日本でも売れて当たり前だったかもしれないが，予想以上に日本で人気を博し，たちまちベストセラーとなった。平成12年に第2巻『ハリー・ポッターと秘密の部屋』，翌年の平成13年には第3巻『ハリー・ポッターとアズカバンの囚人』が発売になった。すでに発行部数は250〜300万部に達し，売れに売れていたが，中小書店では入手困難商品であった。地方書店にも回らず社会問題化した。発行元の静山社自体が小さな出版社であったため，大量発注を受けた結果として，大量返品を抱えた場合のリスクが大きいという出版社の事情もあった。中小書店の入手困難を回避するために第4巻『ハリー・ポッターと炎のゴブレット』からは買切制となった。これにより全国どの書店にも行き渡るようになった。

平成16年9月1日発売の第5巻『ハリー・ポッターと不死鳥の騎士団』は初版290万部発売された。しかし販売にやや陰りは出ていた。発売後，実売部数は200万部を超えるベストセラーであったが，大量の市中在庫が目立った。書店側から悲鳴が上がった。これは書店からの発注をそのまま受け入れて発行したからで，版元・取次・書店間の調整不足が指摘された。その後，第6巻，第7巻では書店が発注を控えたため第5巻ほどのトラブルはなかった。

平成中期にアマゾンは日本上陸を果たした。平成12年に日販買収を試みたが断られた。結局大阪屋に窓口を求め，21世紀からアマゾン・ジャパンとしてスタートした。スタート時は書籍だけの取り扱いであった。その理由は，書籍は値崩れがなかったからである。

アマゾンと取引をはじめた大阪屋は，売上げが急増した。平成12年の売上高は699億円であったが，翌13年は1,023億円と躍進した。伸び率は146%であった。平成中期は大阪屋にとってよい時代だった。

平成13年に公正取引委員会から「再販制は当分の間，存続する」という結論を出版界は受け取り，再販制廃止の恐怖（?）から解放された。この件については各年史平成13年を参照されたい。自費出版ブームは長続きしなかった。この件については各年史平成18年をお読みいただきたい。

I　記　録

平成後期（平成21年～30年）出版天候　曇りのち雨，時々薄日

　平成21年，バラク・オバマがアメリカ初のアフリカ系大統領に就任した。『対訳オバマ演説集』（朝日出版社，40万部）が売れた。

　平成21～25年は村上春樹ブームを忘れることはできない。村上春樹が7年ぶりの長編小説『IQ84（Book 1，BOOK 2）』（新潮社）を刊行し，BOOK 1が123万部，BOOK 2が100万部と大ヒットした。彼にはハルキストと称する支持者たちがいるが，残念ながら平成30年までにノーベル文学賞を受賞することはなかった。

　平成23年は東日本大震災があり，日本を震撼させた。特に津波の恐ろしさ，原子力発電所事故による後遺被害は大問題である。震災関連本，脱原発本の発刊も盛んであった。なかでも地元新聞社出版物は好評であった。

　一方，電子書籍元年が宣言され，電子書籍・雑誌の新しい展開が注目されはじめた。これについては各年史の平成25年を参照されたい。

　平成後期の10年間は下降の連続であった。なかでも雑誌の凋落は激しい。この10年間で雑誌の実売の落込みは39.8％である。平成28年からはじまった雑誌読み放題は打撃であった。書籍は10年間で16.5％のダウン率である。書籍は各年とも3.3～0.2％の間で落ちているが，落差率は雑誌ほどではない。書店によっては，99～102％と健闘している店もある。出版天候に時々薄日と書いたのは，この現象をさしている。

　薄日にはもう一つ要因がある。それはコミックが少しずつ回復している現象である。これは喜ばしいことである。その原因は3つある。(1)海賊版を撲滅したこと，(2)各版元が定価を上げたこと，(3)コミックの映画化・映像化が進んでいることである。平成22年のFIFAワールドカップの後，サッカー選手の著書，例えば『心を整える』（長谷部誠，幻冬舎，116万部），『日本男児』（長友佑都，ポプラ社，40万部）が好評であった。

平成後期で特徴的なことは，業界あげて読者育成に努めたことと，業界三者が協力して市場開発に力を入れたことである。平成22年に始まった「書店大商談会」が嚆矢である。東京で第一回が開かれ，翌年には大阪会場が設けられ大好評であった。平成30年には児童書に特化した児童書分科会が東京で初めて開かれた。商談会は北海道・札幌市と九州選書市（福岡市）に拡がっている。その他では5月初旬の「こども読書週間」にあわせた「上野の森・親子ブックフェスタ」がある。10月下旬から始まる「読書週間」には神田・神保町で「ブックフェスティバル」が催されている。平成30年に「本の日」が指定され，第一回が全国的に実施された。読書週間の真っ最中の11月1日なので，設定日としては最高である。本のお祭りはほかにもある。「親子の日に"本を贈ろう"」フェアや「築地・本マルシェ」「読者謝恩ブックフェア」「国分寺古書市」等である。

これらのお祭り，フェアは読者を巻き込む動きであり，本ばなれ，読書ばなれを少しでも無くそうとする主催者の考えである。

ビジネス書がヒットしたことも平成後期の特色である。例えば『もし高校野球の女子マネージャーがドラッカーの「マネジメント」を読んだら』（ダイヤモンド社，192万部），『マネジメント』（ダイヤモンド社，65万部）。また，元気のなかった教養新書がこの時期復活した。『老いの才覚』（曽野綾子，ベストセラーズ，80万部），『聞く力』（阿川佐和子，文藝春秋，132万部）。

平成27年に大ブレイクしたのが，お笑い芸人・又吉直樹の『火花』（文藝春秋，245万部）である。マンガ版が人気を博したこともこの時期の特色である。『まんがでわかる7つの習慣』（宝島社），平成時代のしめくくりが『漫画 君たちはどう生きるか』（マガジンハウス）であった。

平成28年に書籍売上げが雑誌売上げを上回り，返品率も雑誌が書籍よりも5％も高くなった。雑誌のウェブ化，書籍の地味な発展が期待できる平成末であったと思う。

2 平成出版各年史

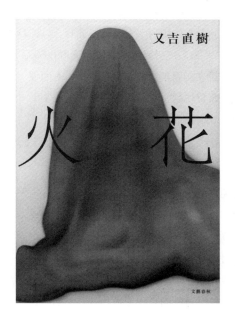

　本章は平成30年間の各年史である。各年ごとの，出版業界の10大ニュース，ベストセラーズ10点をはじめ，芥川・直木賞等，文学・文化賞の受賞著作を一覧にまとめた。そして各年における出版の突起的な出来事を解説した。10大ニュース，ならびにベストセラーズは『出版年鑑』に毎年掲載された事項をそのまま転載した。各年の事項解説はできるだけ平均的に記事を配分するつもりであったが，年度によっては，印象深い出版現象は深堀りした。

　出典：又吉直樹『火花』（文藝春秋，平成27年）。

Ⅰ 記 録

平成元 (1989) 年

🔍 業界10大ニュース

1　出版物に消費税導入，対応に振り回された出版界
2　昭和天皇崩御後一斉に刊行された天皇関連書，昭和書企画
3　「吉本ばなな現象」など話題豊富なベストセラーズ
4　時代の節目の出来事に"緊急出版"が続出
5　女性誌，男性誌ともに創刊ラッシュ，売行きは伸びず
6　『日本語大辞典』初めてのカラー版で発売直後60万部
7　日本出版学会設立20周年，記念フォーラムも開催
8　高マージンの新買切制，実験的にスタート
9　出版博物館設立構想，具体化に向けて動き出す
10　出版流通多様化・迅速化に向け，「新事業」はじまる

　平成は混乱の幕開けであった。4月1日に消費税3％が実施された。内税か外税かでまず紛糾，次は流通在庫品の扱いが問題になった。在庫品の税務処理，取引計算基準をどうするか等々，これを誤ると再販制が崩壊する懸念があった。
　もともと導入反対の先頭に立っていたのは書店組合であった。しかし昭和63年12月24日に自民党によって強行採決され，導入が決定した。業界全体として導入反対の大義名分は「再販制を守るために」であった。
　1978年秋に当時の公取委の橋口収委員長によって「再販制廃止」発言があり，業界を震撼とさせた。以来10年目にして消費税問題がおこったことで，「再販制」について，出版関係者の再認識が迫られていたのである。
　しかし，反対運動に敗れ，業界4者の足並みが問われた。当時書店組合は法人格のない任意団体であったが，昭和63年5月20日，日本書店組合連合会を解散し，日本書店商業組合連合会（日書連）に改組した。商業組合化の利点は，

業界の中小企業を代表として事業改善や，他産業からの新規出店阻止活動などの調整事業もできるようになった。

　また，消費税3％の価格表示をどうするのか，運用面で出版社，取次会社，書店が混乱した。3月31日以前の旧定価本は，店頭で3％の消費税を徴収することになった。しかし，1円単位の端数がでたり，店頭での計算ミスなどが発生した。

　出版社は新定価表示のために，在庫商品のカバーの取替えやシールの貼付などに莫大な出費を強いられた。定時終業後，倉庫に向かう社員の残業姿は，多くの出版社で見られた。

　取次は返品作業をはじめ，新定価と旧定価商品の仕分けで検品に経費がかかった。書店では重版商品の遅れ，新刊の減少などで売上減となった。つまり，消費税導入の影響で，全体的に低調に推移した1年であった。

　国際的には，アジアでは北京・天安門事件，ヨーロッパでは「ベルリンの壁」崩壊，ルーマニアでチャウシェスク大統領が失脚するなど民主化の嵐が吹いた。しかし，関連書・批判書が店頭を賑わすことはなかった。消費税の対応に沈滞気味な店頭を賑わせた出版物は，吉本ばななの本である。年間ベストセラーズ10点のなかに4点入っていることがその証左である。

　突然売れた本では，札幌の「北海亭」という蕎麦屋で，大晦日の夜遅くにあった実話をもとに，栗良平が童話として書いた『一杯のかけそば』がある。涙なしには読めない本として日本中で話題になり，映画化されるなど社会現象にまでなった。半年間で94万部売れた。

　昭和天皇回顧録や昭和史関連の出版が盛んであった。新聞社の出版局の写真集や記録が目立った。当時，日本最大の売場面積の八重洲ブックセンターの開店は衝撃的であった。同書店はロンドン最大の書店であるフォイルズ書店に範をとったものである。開店時の評判はすこぶる良かった。その理由は「陽の目を見ない地味で売れない」と一般書店が敬遠する，倉庫で眠っていた本が全員集合したからである。

I 記録

 ベストセラーズ

1 吉本ばなな『TUGUMI』中央公論社
2 吉本ばなな『キッチン』福武書店
3 津上陽『下天は夢か　1〜4』日本経済新聞社
4 村上春樹『ノルウェイの森　上・下』講談社
5 井上靖『孔子』新潮社
6 吉本ばなな『白河夜船』福武書店
7 藤村由加『人麻呂の暗号』新潮社
8 吉本ばなな『哀しい予感』角川書店
9 栗良平『栗良平作品集2　一杯のかけそば』栗っこの会
10 S・シェルダン　天馬龍行・紀泰隆訳『時間の砂　上・下』アカデミー出版

 文学・文化賞

芥川賞
　　第101回　該当作品なし
　　第102回　瀧澤美恵子『ネコババのいる町で』
直木賞
　　第101回　ねじめ正一『高円寺純情商店街』／笹倉明『遠い国からの殺人者』
　　第102回　星川清司『小伝抄』／原寮『私が殺した少女』
毎日出版文化賞　第43回
　　犬養道子『国境線上で考える』岩波書店／米本昌平『遺伝管理社会』弘文堂／網野善彦他編『瓜と龍蛇』福音館書店
新風賞　第24回
　　吉本ばなな『つぐみ』中央公論社／『大辞林』三省堂
梓会出版文化賞　第5回

ミネルヴァ書房／特別賞　該当なし

出版統計

	書　籍	雑　誌	計
点　　数	39,698	3,864	
平均定価（円）	2,609	357	
発行部数（万部）	136,648	430,099	566,747
実売部数（万部）	89,641	341,069	430,710
返 品 率（％）	34.4	20.7	
実売金額（万円）	79,691,149	121,761,629	201,452,778

平成2（1990）年

業界10大ニュース

1 生産・流通部門の人手不足深刻化，「本が危ない！」事態に
2 ミリオンセラーは『愛される理由』，個性的ベストセラーも
3 取協，「書籍の適正流通を目指して」を発表
4 「ちびくろサンボ」をはじめ差別表現問題が噴出
5 コミックの性表現各地で規制，東京都も調査結果発表
6 フランクフルト BF「日本年」，東京 BF 復刊図書に人気
7 中高年向け雑誌創刊相次ぐ，男性誌も3誌が創刊
8 地球環境問題に高い関心，多様な企画の書籍・雑誌
9 東欧情勢，ドイツ統一，ゴルバチョフ改革関連書続出
10 CD ブック相次ぎ企画の競合，電子ブックも新発売

消費税導入の戸惑いは色濃く残っていた。日書連が「消費税に関するアン

ケート」を実施したが，売上減40.7％，店頭の煩雑さ43.1％と不評であった。業界全体としては構造的な問題として人手不足に悩まされた。「本を作れない，運べない」と深刻な問題を抱えてしまった。生産段階では印刷・製本業界が3K（きつい，きけん，きたない）産業に属するとして人が集まらなくなったことである。

専門書の新刊・重版も，コストアップのために値上げせざるを得なくなった。そのためコストが合わず重版できないために絶版になる事態も発生した。

流通段階では人手不足のため運送コストがかさみ，取次の配送や返品作業にも支障をきたしている。書店でもパート，アルバイトの賃金が上がり，経営内容が圧迫された。

海外では，ソ連の国内経済の再建と民主化がすすみ，初代大統領にゴルバチョフが就任した。東西ドイツは統一され，東欧の自由化が進んだほか，イラク軍によるクェート侵攻するなど，国際政治は大きく変動し，それを反映した出版物が多く発行された。

国際性といえば，フランクフルトブックフェアでは，テーマ国として日本が選ばれた。書協・雑協で実行委員会を作り，日本の伝統文化と現代文化を紹介した。7月には東京国際ブックフェアが池袋・サンシャインシティで開催され，入場者が13万人にものぼった。特に，絶版になった外国文学の翻訳書の復刊が話題を呼んだ。

電子書籍の登場も画期的であった。『広辞苑電子ブック版』『現代用語の基礎知識電子ブック90年版』など12種のソフトが発売され，新情報ツールとして関心を集めた。

消費税問題の最中，三省堂が発売した，一冊ものの大型国語辞典『大辞林』が話題になった。市場を独占している『広辞苑』に対抗するのは無理だろうとの取次・書店の懸念が多いなかでの発売であった。当時，昭和30年に初版が発行された『広辞苑』は累計850万部を売っていた。「『広辞苑』によれば……」が常套句になっていた。

その市場に，同型の辞書で切り込むのは無理，10万部売れるかどうか，との

観測が大勢を占めていた。実際の発売は昭和63年11月3日「文化の日」であった。当時，昭和天皇の体調がお悪い時期であったが昭和・平成をまたいで売れた出版物として稀有であった。初刷18万部は2週間で売り切れ，年末までに40万部超の受注があり，発売1年後には80万部にまでのぼった。この年は，さすがの『広辞苑』が陰にかくれてしまった。

『大辞林』の発売は，昭和18年頃，戦争中の『皇紀二千六百年』記念に企画されたが，戦争激化で中断。昭和29年頃再企画されるが，社内事情のため大幅に遅延していた。昭和29年から昭和63年までの約34年間，再発企にあたって編集委員として入社した倉島節尚が，細々と編集作業をつづけていた。これが「美談」とされ，マスメディアが一斉に報道した。ほぼ1年間で600件を超えるマスメディア・社内報が「大辞林編集物語」を記事にした。テレビ，ラジオも競って報道した。

 ベストセラーズ

1　二谷友里恵『愛される理由』朝日新聞社
2　盛田昭夫・石原慎太郎『「NO」と言える日本』光文社
3　渡辺淳一『うたかた　上・下』講談社
4　井上靖『孔子』新潮社
5　柴門ふみ『恋愛論』PHP研究所
6　S・シェルダン　天馬龍行・紀泰隆訳『真夜中は別の顔　上・下』アカデミー出版
7　酒見賢一『後宮小説』新潮社
8　石原慎太郎・渡辺昇一・小川和久『それでも「NO」と言える日本』光文社
9　筒井康隆『文学部唯野教授』岩波書店
10　B・エモット『日はまた沈む』草思社

Ⅰ 記　録

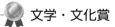
文学・文化賞

芥川賞
　　第103回　辻原登『村の名前』
　　第104回　小川洋子『妊娠カレンダー』
直木賞
　　第103回　泡坂妻夫『蔭桔梗』
　　第104回　古川薫『漂泊者のアリア』
毎日出版文化賞　第44回
　　赤井達郎『京都の美術史』思文閣出版／山内昌之『瀕死のリヴァイアサン』ティービーエス・ブリタニカ／石田雄『日本の政治と言葉　上・下』東京大学出版会
新風賞
　　二谷友里恵『愛される理由』朝日新聞社／『グレートアーティスト』同朋舎出版
梓会出版文化賞　第6回
　　晶文社／特別賞　葦書房

出版統計

	書　籍	雑　誌	計
点　　数	40,576	3,889	
平均定価（円）	2,764	365	
発行部数（万部）	139,381	449,319	588,700
実売部数（万部）	92,131	356,759	448,890
返品率（％）	33.9	20.6	
実売金額（万円）	84,944,611	130,217,139	215,161,750

平成3（1991）年

業界10大ニュース

1 「有害」コミック摘発，各地で規制強化，出倫協対策に苦慮
2 出版物再販制の「見直し」について報告書，制度には一定の評価
3 宮沢りえ写真集話題沸騰，ヘア写真では数社に警告
4 バラエティに富んだミリオンセラー誕生
5 創刊誌多数も売行きはいまひとつ，休刊誌も目立つ
6 日本複写権センター，9月30日発足
7 湾岸戦争，ソ連クーデター，東欧情報関連書多数刊行
8 昨年を上回るエコ・ブーム，具体的なテーマに関心
9 出版業界 VAN 構想，実現に向けて一歩踏み出す
10 静かな，時ににぎやかな宗教書ブームつづく

　書店店頭や新聞の社会面を賑わせたことはなんといっても『Santa Fe』（朝日出版社）である。発売1か月前に『読売新聞』（10月13日），『朝日新聞』（10月14日）に掲載された一頁全面広告が，モデルの全身ヌードという出版広告史上衝撃的な「事件」であった。またこの企画が広告出稿までマスメディアに伏せられていただけに，話題は一挙に沸点に達した。

　この広告には直接予約募集の案内があり，同社には予約注文が殺到した。また配本部数をめぐって書店とのトラブルも全国各地で起きた。発売直後からベストセラー入りし，100万部を突破した。筆者も出版社に掛け合いに出向いたが，入口にはバリケードが築かれていたことを思いだす。

　この年の画期的なニュースは出版業界 VAN 構想が実現に向けて一歩ふみだしたことである。VAN とは Value Added Network の略である。当時業界には，東販，日販は情報検索システム，その他の取次会社も独自のシステムを開

I　記　録

発・稼働させていた。書店はSA化構想の一環としてバードネットをすすめており，出版社も在庫管理をコンピュータで行っていたが，これらのシステムをVANで一本化し協同で利用すれば効率がよいことは事実である。

　この付加価値通信網のさらなる整備のためには情報のフォーマットの標準化が必要である。「在庫あり」「出荷可能」「在庫なし」など具体的に標準化が進められた。

　ここ数年翻訳書としてシドニー・シェルダンの本がベストセラーに名を連ねている。『時間の砂』『真夜中は別の顔』『血族』『明け方の夢』等である。発行元はアカデミー出版である。

　昭和52年10月に公取委の橋口収委員長が「再販制見直し」について発言してから，14年目にまたしても再販制の見直しがおこった。その背景には，日米構造協議のなかで，独禁法運用に関し，その除外的制度である再販制をどうするかという問題があった。再販制の運用が硬直的であることも理由だったかもしれない。

　具体的には，7月に公取委の「政府規制等と競争政策に関する研究会」（鶴田俊正座長）の報告書によって表面化したが，結果としては，出版物の再販は継続されることになった。しかし，レコード，CDなどは再販が外れる可能性が大きい。

　公取委の再販制についての基本的な考えは廃止である。しかし，現状においては国民的合意が得られていないという見方から，当分の間再販制は存置すると発表した。ただし条件として弾力的運用を推進するように，業界に強く求めている。

　これに対して出版界側も公取委の要請に応えるべく，書協を中心に時限再販，バーゲンセール等を積極的に取り入れている。

　一方公取委の妥協（？）もみられる。それはポイント還元である。本来，値引きに相当するポイント還元は再販違反になる商行為である。しかし紀伊國屋書店，三省堂書店等，大手書店が1％のポイント還元を実施している。公取委は1％までの値引きは，時代要請上やむなしとみているのであろう。

2　平成出版各年史

ベストセラーズ

1. 佐倉桃子『もものかんづめ』集英社
2. ビートたけし『だから私は嫌われる』新潮社
3. S・シェルダン　天馬龍行・紀泰隆訳『真夜中は別の顔　上・下』アカデミー出版サービス
4. 陳舜臣『諸葛孔明　上・下』中央公論社
5. 金賢姫　池田菊敏訳『いま,女として　上・下』文藝春秋
6. S・シェルダン　天馬龍行訳『血族　上・下』アカデミー出版
7. 篠山紀信撮影『Santa Fe』朝日出版社
8. S・W・ホーキング『ホーキングの最新宇宙論』日本放送出版協会
9. 小川洋子『妊娠カレンダー』文藝春秋
10. 篠山紀信撮影『water fruit』朝日出版社

文学・文化賞

芥川賞
　　第105回　辺見庸『自動起床装置』／荻野アンナ『背負い水』
　　第106回　松村栄子『至高聖所（アパトーン）』

直木賞
　　第105回　芦原すなお『青春デンデケデケデケ』／宮城谷昌光『夏姫春秋』
　　第106回　高橋義夫『狼奉行』／高橋克彦『緋い記憶』

毎日出版文化賞　第45回
　　中村傳三郎『明治の彫塑』文彩社／鎌田慧『六ヶ所村の記録　上・下』岩波書店／一色八郎『箸の文化史』御茶の水書房

新風賞　第26回
　　篠山紀信・宮沢りえ『Santa Fe』朝日出版社／M・ハンドフォード『ウォーリーシリーズ』フレーベル館／『テクノアトラス日本列島大地

Ⅰ　記　録

図館』小学館／特別賞　竹下龍之介『天才えりちゃん金魚を食べた』岩崎書店

梓会出版文化賞　第7回
　雄山閣出版／特別賞　草思社

出版統計

	書　籍	雑　誌	計
点　　数	42,345	3,918	
平均定価（円）	2,911	374	
発行部数（万部）	140,078	464,766	604,844
実売部数（万部）	93,572	360,658	454,230
返 品 率（％）	33.2	22.4	
実売金額（万円）	92,636,388	134,886,244	227,522,632

平成4（1992）年

業界10大ニュース

1　バブル崩壊で休刊誌続出，出版社の大型倒産も話題に
2　日書連『書店経営白書』発表，正味引下げ運動を展開
3　全国各地で青少年条例改定，改悪反対の動きも活発に
4　島田陽子，荻野目慶子，マドンナ等の写真集売れ，話題に
5　テレビ番組から生まれた本，タレント本，テレセラー売れる
6　公取委見解，出版物の再販存続，音楽CDは「時限再販」導入へ
7　東京国際ブックフェア開催，海外の24か国，84社が参加
8　辞書，美術全集，地図出版相次ぐ，高額品だが売行き良好

> 9　従軍慰安婦，脳死，エイズ問題等話題を呼び関連書続出
> 10　社風にマッチした創立記念出版企画が各版元から次々に刊行

　業界に冷たい風が吹きはじめた年であった。『朝日ジャーナル』（朝日新聞社），『NEXT』（講談社），『BOX』（ダイヤモンド社）の廃刊が象徴するように，休廃刊誌が前年より大幅に増えた。バブル経済がはじけて，購買力が落ち，必要なもの以外は買わない。その影響が端的に現れたのが雑誌の広告であった。広告収入に依存していた雑誌は休刊を余儀なくされた。

　バブル崩壊は大型版元の経営もおびやかした。出版社も多角化経営の時代に入っていたが，その多角化でつまずいた出版社が六興出版である。六興出版は東京・江戸川橋に地下1階，地上6階の堂々たるビルを平成3年に竣工，オープンセレモニーは多くの招待客で大変な賑わいであった。しかし，翌年破綻をきたした。その理由は地下に作られた貸スタジオ（総額12億円投資）の建設資金の借入債務の返済で資金繰りが悪化したことによる。負債総額は41億2,012万円であった。

　郊外型書店でセルビデオが盛況のなか，リーディングカンパニーは大陸書房であった。追われる立場の大陸書房はアダルト路線に活路を見出していたが，それが裏目に出て，資金繰りに行き詰まり，経営が悪化，負債総額65億円で倒産した。

　ベストセラーの条件はテレビと連動することである。心理ゲーム番組の本，クイズ番組の本，『ちびまる子ちゃん』の作者であるさくらももこのエッセイは典型的なテレセラーであった。テレビを中心としたタレント本が売れることはいまや常態化しているが，不況のなかで気軽に読めるこれらの本は，安いレジャーといえる。

　直木賞を受賞した出久根達郎は東京・高円寺の古書店主である。以後出版業界周辺の作品を発表，注目作家となった。

　日書連が平成3年に，9年ぶりに「全国小売書店取引経営実態調査」を実施，その結果，書店の半数以上の経営が苦しいことが明らかになった。そして年間

I 記録

約1,000店の転廃業店があることも分かった。苦しい理由として，出版物の定価上昇が低く，書店は経営コストを吸収することができなかったことである。再販制により，経営コストの上昇分を売価に転嫁することができない書店は，粗利が少なく，人件コストの高い外商を縮小せざるを得ない。商品効率の悪い専門書，学術書等を敬遠し，コミック，雑誌，文庫などの効率のよい商品構成に傾斜していかざるを得ない，などをあげている。そして経営困難の根本的な原因は低マージンだという。

書籍マージンアップの運動といえば，昭和47年に起こった「ブック戦争」といわれた全国の書店が熱くなった運動のことを思い出す。8月9日に1,600人が日比谷公会堂に集まり，全国書店総決起大会で大いに意気は上がった。そして8月31日の書協との協議も決裂した。そのため9月1日から12日間の不売ストに突入したが，12日夕方妥結した。版元出し正味2.5％，取次出し正味2％引下げである。スト中，筆者は書店組合役員として千葉市内の書店を回り，スト対象出版社の本を棚から降ろしたり，白布を掛けたりした。悪夢である。岩波書店，講談社，白水社，小学館，有斐閣のほか，長引けば旺文社，オーム社も対象であった。解決の覚書に責任販売制があるが，今も未解決である。

10月31から11月4日まで池袋のサンシャインシティ文化会館で「東京国際ブックフェア」(TIBF) が開催された。海外の24か国，84社が参加した。日本における海外出版物展示の初めてのフェアであり，注目を集めた。

実は，このフェアが実施される前哨があった。それは当年1月に開催されたIPA（International Publishers Association）ニューデリー大会の折に，アジア出版界を横断する組織を設立しようとする気運が高まった。11月に池袋で開催された「東京国際ブックフェア1992」の際に「アジア出版フォーラム」が開催され，アジア・太平洋出版連合（APPA）設立の提案が行われた。そして2年後，平成6年1月に千葉・幕張メッセで開催された「東京国際ブックフェア1994」の際に，設立総会が開催された。設立に参加した国は日本を含む12か国（バングラディッシュ，中国，インド，インドネシア，日本，韓国，フィリピン，シンガポール，スリランカ，タイ，トルコ，ベトナム）であった。会長には書協の服部敏幸理事長

が選ばれた。TIBF が国際化した年だったといえる。

 ベストセラーズ

1　さくらももこ『さるのこしかけ』集英社
2　それいけ!! ココロジー編『それいけ×ココロジー1』青春出版社
3　井深大『わが友本田宗一郎』ごま書房
4　S・シェルダン　天馬龍行・紀泰隆訳『明け方の夢　上・下』アカデミー出版
5　フジテレビ「笑っていいとも」編『タモリのダウンタウンも世紀末クイズ2』扶桑社
6　それいけ!! ココロジー編『それいけ×ココロジー2』青春出版社
7　村上春樹『国境の南，太陽の西』講談社
8　河合隼雄『こころの処方箋』新潮社
9　宮崎義一『複合不況』中央公論社
10　サム＆チャック・ジアンカーナ　落合信彦訳『アメリカを葬った男』光文社

 文学・文化賞

芥川賞
　第107回　藤原智美『運転士』
　第108回　多和田葉子『犬婿入り』
直木賞
　第107回　伊集院静『受け月』
　第108回　出久根達郎『佃島ふたり書房』
毎日出版文化賞　第46回
　川田順造『口頭伝承論』河出書房新社／桶谷秀昭『昭和精神史』文藝春秋／河合雅雄『人間の由来　上・下』小学館

I 記 録

新風賞　第27回
　さくらももこ『さるのこしかけ』集英社／『それいけココロジー　1・2・3』青春出版社
梓会出版文化賞　第8回
　吉川弘文館／特別賞　偕成社

出版統計

	書　籍	雑　誌	計
点　　数	45,595	3,851	
平均定価（円）	3,099	385	
発行部数（万部）	140,358	475,665	616,023
実売部数（万部）	93,198	370,543	463,741
返品率（％）	33.6	22.1	
実売金額（万円）	95,807,248	142,659,068	238,466,316

平成5（1993）年

業界10大ニュース

1　不況下の出版界，実感と実態に落差
2　ミリオンセラー3点も生まれる
3　不況背景に休刊誌，リニューアル誌続出
4　「謎」検証本ブーム，類書50冊を超える
5　バブル崩壊で内省的ベストセラー続出
6　日書連，正味獲得運動に一定の成果
7　皇太子ご成婚で写真集など関連書多数
8　小沢一郎『日本改造計画』ベストセラーに，連立政権関連書も

9　角川社長逮捕，出版界に大きな衝撃
　10　「ヘア」写真集，引き続き話題に

　この年の GDP 成長率は0.2％であった。そうした経済環境のなか，対前年比で雑誌が7.7％，書籍も４％と実売が伸びている。国全体では不況感が強いが，出版業界は数字で見る限りでは順調に伸びている。

　出版の伸びは雑誌，書籍ともに定価値上げ分が寄与している。書籍の新刊点数は依然として多く，８％増であった。売行きの鈍化を新刊点数で補っているとみることができる。新刊主義ともいえるこうした傾向は，一見出版界の活性化に見られるが，実際には厳しい現実の裏返しである。定価値上げに支えられていることは喜ばしいことではない。

　書店店頭を賑わした現象はミリオンセラー３点によるものである。ロバート・ジェームズ・ウォラーの『マディソン郡の橋』（文藝春秋）は初版8,000部でスタートした「不倫の愛」をテーマにした小説で，125万部が売れた。中年読者を泣かせた本として話題になり映画化もされたことにより，翌年もベストセラーの上位にランクされた。

　年間に３点ものミリオンセラーがでることは珍しいことである。この年一番売れた本は，160万部販売の『磯野家の謎』（飛鳥新社）である。ビデオ版も発売された。続編にあたる『磯野家の謎・おかわり』（飛鳥新社）も累計80万部を超えている。発売３か月で100万部を突破した，朝日新聞連載のマンガ『サザエさん』を分析した本で，『ウルトラマン研究序説』（中経出版）に代表される人気マンガやアニメーションを題材にして，論じる方法がこの本でも使われている。

　３冊目のミリオンセラーはさくらももこの『たいのおかしら』（集英社）で，作者のエッセイ集である。若い女性に人気の高い作者の日常身辺雑記である。

　年明け早々に皇太子妃が決定し，６月９日に「結婚の儀」が行われた。『アサヒグラフ』『毎日グラフ』『週刊読売』『女性自身』『週刊女性』『女性セブン』『FRIDAY』などの雑誌はこの儀式を取材しグラビアで特集，発売した。

Ⅰ 記録

　また，朝日新聞社，毎日新聞社，東京新聞社，読売新聞社，時事通信社，神戸新聞社，静岡新聞社などの新聞社はその取材力を生かし，写真集を出版した。そのうち朝日新聞社編『皇太子さまと雅子さん』，毎日新聞社編『皇太子殿下と雅子さま』は一時ベストセラー入りした。

　単行本では赤塚行雄著『美貌なれ日本　雅子妃の時代』（ベストセラーズ），河原敏明著『美智子さまから雅子さまへ』（ネスコ），渡辺みどり著『美智子皇后と雅子妃新たなる旅立ち』（講談社），保阪正康著『天皇家とその時代』（朝日ソノラマ），『美智子さまから雅子さま』（主婦と生活社）などの「皇室本」が発行された。

　徳仁親王著『テムズとともに』も話題となった。丸山昇著『皇太子妃とマスメディア』（第三書館），も売れた。

　この年の出版業界の伸び率は対前年比で4.5％である。そのうち，雑誌が7.7％も伸びている。書籍も約4％で推移している。しかし雑誌，書籍とも定価値上げが寄与していることを考えると喜んでばかりはいられない。書籍の実売部数が落ちているからである。

　皇太子ご成婚に明け暮れた1年であったが，角川書店の角川春樹社長の麻薬取締法違反による逮捕はショックであった。ワンマン経営体制への警鐘であり，同族経営の多い出版界への教訓であった。その後の角川歴彦新社長の活躍，幻冬舎を起ち上げた見城徹の変身も見事であった。角川春樹自身も業界復帰後，春樹事務所を起ち上げ「ハルキ文庫」の他女性誌を発刊し，復活した。

ベストセラーズ

1　R・J・ウォラー　村松潔訳『メディソン郡の橋』文藝春秋
2　東京サザエさん学会編『磯野家の謎』飛鳥新社
3　小沢一郎『日本改造計画』講談社
4　中野孝次『清貧の思想』草思社
5　ユン・チアン　土屋京子訳『ワイルド・スワン　上・下』講談社
6　A・ブロック　倉骨彰訳『マーフィーの法則』アスキー

7　五木寛之『生きるヒント』文化出版局
8　さくらももこ『たいのおかしら』集英社
9　丸谷才一『女ざかり』文藝春秋
10　S・シェルダン　天馬龍行・紀泰隆訳『私は別人　上・下』アカデミー出版

 文学・文化賞

芥川賞
　第109回　吉目木晴彦『寂寥郊野』
　第110回　奥泉光『石の来歴』
直木賞
　第109回　高村薫『マークスの山』／北原亞以子『恋忘れ草』
　第110回　大沢在昌『新宿鮫　無間人形』／佐藤雅美『恵比寿屋喜兵衛手控え』
毎日出版文化賞　第47回
　青柳正規『皇帝たちの都ローマ』中央公論社／中村桂子『自己創出する生命』哲学書房／有岡利幸『松と日本人』人文書院
新風賞　第28回
　R・J・ウォラー『マディソン郡の橋』文藝春秋／五木寛之『生きるヒント』文化出版局／特別賞　日本放送協会衛星放送局『「BS ブックレビュー」活動について』
梓会出版文化賞　第9回
　法政大学出版局／特別賞　築地書館

I 記録

出版統計

	書　籍	雑　誌	計
点　　数	48,053	3,895	
平均定価（円）	3,050	392	
発行部数（万部）	140,498	494,588	635,086
実売部数（万部）	93,291	382,811	476,102
返品率（％）	33.6	22.6	
実売金額（万円）	99,168,237	150,061,956	249,230,193

平成6（1994）年

業界10大ニュース

1　ミリオンセラー『大往生』をはじめ，異色ベストセラー続出
2　バーゲンブックフェア話題に，再販制論議に波紋
3　大江健三郎ノーベル文学賞受賞，計120万部突破
4　JR 東日本 VS 文藝春秋，文藝春秋の謝罪で収束へ
5　マルチメディアブーム背景に関連書，創刊誌続出
6　JPIC，朝日新聞社，文部省などの「読書調査」結果まとまる
7　消費税率アップ確定，定価表示問題が再浮上
8　正味引下げ，大手出版社の対応ようやく出揃う
9　東京国際ブックフェア開催，アジア太平洋出版連合発足
10　日書連，書協，取協，雑協など業界首脳交替

　10月5日から10日まで東京・池袋の書店リブロで非再販本（B本）と汚損本の「バーゲンブックフェア」が開かれた。参加した出版社は B本で26社，汚損本で13社であった。その結果は販売冊数で4,228冊，販売金額で482万円で

あった。出展冊数の83％が売れたというから大成功というべきであろう。NHK の取材・放映，マスメディアの報道など社会的に注目されていとことも成功原因であろう。

　それにも増してバーゲンブックが大々的に鳴り物入りで行われたのは初めてである。催事を得意とし，集客力，マーケットを持つリブロの本領が発揮されたといえる。かって1980年代に行われた，全国地方小出版社ブックフェアの成功以来の賑わいであった。

　この催事の意味することは深い。(1)バーゲンを期待する読書人の多いこと，(2)汚損本はバーゲン対象本なのかという論議，(3)成功は再販制への疑問の証ではないかということ，である。

　政治情勢が激しくゆれた年でもある。55年体制が崩れ，新しい局面を迎えた。細川護熙内閣から羽田孜内閣に変わり，さらに自社連合による村山富市内閣の誕生である。1年に3人の首相交代があったことは前代未聞である。

　出版業界でも業界団体の首脳の交代劇があった。14年間理事長（書協）を務めた服部敏幸が，二玄社社長・渡邊隆男に変わり，雑協でも徳間康快から文藝春秋社長田中健五に交代した。日書連でも16年間にわたり引っ張ってきた松信泰輔（有隣堂社長）が小澤淳男（湘南堂社長）に変わった。取協会長も五十嵐一弘日販社長から上瀧博正トーハン社長に交替した。業界4団体（書協・雑協・取協・日書連）を横断的に集約する JPIC（出版文化産業振興財団）も遠藤健一トーハン会長から五十嵐日販社長に変わった。政界同様，ゆれる出版業界をどう導いてゆくのか注目された。

　大江健三郎がノーベル文学賞を受賞したことは業界への福音であった。

　この年4月，連休直前号で『週刊少年ジャンプ』が648万部を記録した。日本の雑誌出版では空前絶後である。この『週刊少年ジャンプ』の発売をめぐって，書店は CVS の早期発売に悩まされつづけていた。CVS の一部では協定した発売日の前夜，未明から発売することになっている。一般書店は午前10時開店が普通なので太刀打ちできない。これが長年続いているため，書店の不満は深刻化していた。

I 記 録

　その他，中小書店は大型店の新規出店や多店化に挟撃されていた。大型店の出店規制は全国中小書店の念願であったが，政府は逆の方向に動いていた。日米構造協議でアメリカから強い圧力をかけられた政府は，規制緩和を強力にすすめたのである。その最たるものが「大店法」の改正である。大型店有利の法改正は中小書店には泣きっ面に蜂であった。この改正によって1,000平方メートル未満は原則自由化，テナント入れ替えも原則自由，閉店時間，休業日数の規制も緩和された。これに対して，日書連は「大店法の廃止」に反対する決議をした。しかしのれんに腕押しであった。中小書店の受難がはじまり，閉店・廃業が多くなった。

　この年の書籍の売上げは1兆円を上回った。これから10年間は連続1兆円を維持している。一方，雑誌も好調で，昨平成5年に売上げ1兆5000億円台にのせ，7年間持続している。つまり平成5年から平成10年は出版業界謳歌の時代だったのである。

　時代背景として取次，版元，書店共に元気な時代であった。特にトーハンと日販の競争が激化している時代であった。両社とも7000億円を超す売上げを示し，拮抗する状態であった。3年後の平成9年には日販の売上が凌駕し，逆転した。この時代には取次の倒産，廃業はほとんどなかった。出版社では平成9年までは大型の倒産は4社（六興出版，大陸書房，鎌倉書房，国際情報社）だけであった。書店は伸びる時代で，この時代の閉店はない。書店が一番変化したのは平成前期の10年間である。この追い風の原因は大店法の改正，緩和であった。八重洲ブックセンター，三省堂書店のオープン，改装に呼応するかの如く旭屋書店，ジュンク堂書店の上洛がある。特にジュンク堂書店は大阪・難波に次いで，池袋に1,000坪の超大型書店を開店させたのである。

ベストセラーズ

1　永六輔『大往生』岩波書店
2　R・J・ウォラー　村松潔訳『マディソン郡の橋』文藝春秋
3　浜田幸一『日本をダメにした九人の政治家』講談社

4	R・K・レスラー／T・シャットマン　相原真理子訳『FBI心理分析官』早川書房
5	福井県丸岡町編『日本一短い「母」への手紙』大巧社
6	松本人志『遺書』朝日新聞社
7	青木雄二監修『ナニワ金融道カネと非情の法律講座』講談社
8	S・シェルダン　天馬龍行訳『天使の自立　上・下』アカデミー出版
9	ユン・チアン　土屋京子訳『ワイルド・スワン　上・下』講談社
10	A・ブロック　倉骨彰訳『マーフィーの法則』アスキー

 ## 文学・文化賞

芥川賞
　第111回　笙野頼子『タイムスリップ・コンビナート』／室井光広『おどるでく』
　第112回　該当作なし

直木賞
　第111回　中村彰彦『二つの山河』／海老沢泰久『帰郷』
　第112回　該当作なし

毎日出版文化賞　第48回
　森田勝昭『鯨と捕鯨の文化史』名古屋大学出版会／阿川弘之『志賀直哉　上・下』岩波書店／今森光彦『今森光彦世界昆虫記』福音館書店

新風賞　第29回
　永六輔『大往生』岩波書店／浜田幸一『日本をダメにした九人の政治家』講談社／特別賞　博文館新社　日記発行百周年に対して／特別賞　福井県丸岡町編『日本一短い「母」への手紙』大巧社

梓会出版文化賞　第10回
　木鐸社／特別賞　どうぶつ社

I　記　録

出版統計

	書　籍	雑　誌	計
点　　数	53,890	4,002	
平均定価（円）	3,020	400	
発行部数（万部）	144,853	498,624	643,477
実売部数（万部）	96,182	378,954	475,136
返品率（％）	33.6	24	
実売金額（万円）	103,396,071	151,581,696	254,977,767

平成7（1995）年

🔍 業界10大ニュース

1　再販問題検討委員会「中間報告」発表，出版界は強く反発
2　日書連，出版物再販擁護全国総決起大会開く
3　JPIC『出版文化産業ビジョン』刊行される
4　『ソフィーの世界』『松本』，一気にミリオンセラーに
5　阪神・淡路大震災で出版界も打撃，記録書，防災書相次ぐ
6　戦後50年関連書続出，50周年記念出版社がフェア
7　オウム真理教事件，多様な関連書相次いで刊行される
8　本の学校「大山緑陰シンポジウム」開催
9　大型国語辞典が激しい競合，多様な辞書出版が展開
10　『マルコポーロ』，記事「ガス室はなかった」で廃刊，編集長も解任

　1月の阪神・淡路大震災，3月のオウム真理教による地下鉄サリン事件をはじめとする陰惨な事件が相次いだ1年であった。
　阪神・淡路大震災は出版界に大きな影響を及ぼした。なかでも書店に与えた

損害は大きい。建物の全半壊，計器破損，商品散乱などの被害を受けた。取次会社も在庫商品の散乱や商品提供の遅れなどで業務に支障をきたした。被災書店への義援金も出版社，出版団体に加え，日書連や個人からも寄せられた。

オウム真理教による一連の事件はオウムの組織的犯行であることがわかり，マスメディアは一斉に大報道態勢をしいた。TVは終日現地報道を流した。オウム事件関連書が相次いで出版された。

出版業界に警鐘をならす催しがあった。それは出版人・書店人の養成を目的に設立された「本の学校」（米子市・今井書店グループ）の企画である。本の学校は平成12年の正式開校までの5年間，連続企画を予定していた。そのスタート年のテーマが「揺らぐ出版文化」であった。第1回「本の学校"大山緑陰シンポジウム"」が9月8日～10日の3日間米子市の大山で開かれた。全国各地から出版社，書店，図書館員，読者ら280人が参加した。筆者も分科会の司会を仰せつかったが，会場の熱気に驚いてしまった。

本の学校は，ドイツの書籍業学校に範をとった日本版書籍業学校である。今井グループの祖・今井兼文は鳴滝塾に学び，教育の大事さを知った人である。その志を受けて永井伸和，今井直樹，田江泰彦がグループを一本化した。今井家の私財を投げ打っての事業であった。

「サン・ジョルディの日」の行事は，昭和61年4月に第1回を開催した。スペイン・カタルーニャ地方で，12, 13世紀頃から毎年4月23日に守護神サン・ジョルディを讃えてはじまったバラの市と，本のお祭りが合体したお祭りで，この日のバルセロナ市は本と花一色になり，愛する女性には花を，愛する男性には本を贈る習慣がある。昭和61年から日本でも行われるようになった。

そして10年目を迎えた平成7年，11月にパリで開催されたユネスコ総会で，平成9年から4月23日を「世界本の日」とすることが決定した。

日書連は平成8年のサン・ジョルディの日を「プレ世界本の日」と位置づけて運動を展開した。日本ではバブル経済崩壊の真っ最中で，政府は出版文化の保護育成のことより，規制緩和で忙しかった。世界の大勢は「世界本の日」を定め，本・出版・読書活動を活性化しようとしているのに，日本は逆行してい

Ⅰ 記　録

た。

　この「世界本の日」は，さらに平成12年の「子ども読書年」へと発展することになる。日本の出版界が6団体で，読書推進連絡会を平成10年に設置するのも，日書連の地道な運動が刺激になったからである。

　JPIC（出版文化産業振興財団）が『出版文化産業ビジョン』を刊行した。内容は以下の通りである。①紙メディアと電子メディアのすみわけをし，電子出版を推進する，②消費者ニーズの多様化のなかで，迅速な流通のあり方を考える，③出版活動や的確な流通，読書環境の改善を促すために，ネットワーク化の必要がある，④読書環境の整備では，読者の視点からソフト（情報・サービスなど），ハード（施設・機器）の両面から考える，⑤国際化の推進では，国際相互理解の推進の観点から，出版の国際化のあり方を考える，⑥人材育成の推進は，国際化のなかで，産業の担い手としての人材育成を考える，⑦制度的枠組みの整備では，新しい時代に即した産業の制度を考える。上記のことを「出版文化産業ビジョン21」委員会は，2年間にわたって行われた50回の検討の結果を7項目にまとめ，刊行したものである。

ベストセラーズ

1　Y・ゴルデル　池田香代子訳『ソフィーの世界』日本放送出版協会
2　W・グルーム　小川敏子訳『フォレスト・ガンプ』講談社
3　松本人志『松本』朝日新聞社
4　松本人志『遺書』朝日新聞社
5　瀬名秀明『パラサイト・イヴ』角川書店
6　さくらももこ『そういうふうにできている』新潮社
7　S・シェルダン　木下望訳『遺産　上・下』徳間書店
8　柳田邦男『犠牲（サクリファイス）』文藝春秋
9　野口悠紀雄『続「超」整理法・時間編』中央公論社
10　春山茂雄『脳内革命』サンマーク出版

2　平成出版各年史

文学・文化賞

芥川賞
　　第113回　保坂和志『この人の閾(いき)』
　　第114回　又吉栄喜『豚の報い』
直木賞
　　第113回　赤瀬川隼『白球残映』
　　第114回　小池真理子『恋』／藤原伊織『テロリストのパラソル』
毎日出版文化賞　第49回
　　石井謙治『和船　全2巻』法政大学出版局／福田眞人『結核の文化史』名古屋大学出版会／佐藤忠男『日本映画史　全4巻』岩波書店
新風賞　第30回
　　松本人志『遺書』朝日新聞社／ヨースタイン・ゴルデル『ソフィーの世界』日本放送出版協会
梓会出版文化賞　第11回
　　青木書店／特別賞　学陽書房

出版統計

	書　籍	雑　誌	計
点　　数	58,310	4,178	
平均定価（円）	2,977	408	
発行部数（万部）	149,778	511,650	661,428
実売部数（万部）	96,756	381,179	477,935
返品率（％）	35.4	25.5	
実売金額（万円）	104,980,900	155,521,134	260,502,034

Ⅰ　記　録

平成 8 (1996) 年

🔍 業界10大ニュース

1　大型ミリオンセラー，ベストセラー続出
2　規制緩和小委員会「論点公開」の「再販制廃止」に出版界反発
3　大型書店の開店相次ぐ，増床傾向さらに拍車
4　電子出版盛んに，インターネットによる販売も具体化
5　平成9年の税率変更に伴う価格表示問題で揺れ動く出版社
6　吉本隆明の自由価格本（深夜叢書社）話題に
7　コンピュータ関連誌を中心に創刊誌大幅増
8　人気作家相次いで亡くなる，書店では追悼コーナー
9　宮沢賢治生誕100年，関連書一斉に出版，常設コーナーも
10　10〜20代をターゲットにした女性誌続々創刊

　この年は書籍の実売冊数が9億9,602万冊，雑誌は38億578万冊，計48億冊あまりを日本人は買った。実売金額は2兆6980億円である。当時日本の人口は1億2,000万人であったから，日本人は1人あたり40冊本を買っていたことになる。

　さらに細かく分析すると，自分で本を買える人，本を読める人，つまり未就学者，高齢者人口を全人口から差し引くと，顕在読書人口は8,000万人になる。実売冊数48億冊あまりを可読人口8,000万人で割ると60冊となる。

　バブル崩壊後，暗い陰を落とした日本であったが，本の購買に関しては驚くべき数字である。4人家族の家庭では年間240冊の本がたまる。4年もすれば1,000冊の本が家庭内にあふれてしまう。本好き民族をサポートする新しい読者環境が出現しているのは偶然であろうか。それはこの年のブックオフの誕生であり，大型書店の急増現象と既存書店の増床傾向である。

大型書店の出店は前年の平成7年9月の神戸市三宮の駸々堂1,000坪の開店ではじまっている。この年の10月には紀伊國屋書店・新宿南店（1,400坪），11月に大阪・難波にジュンク堂書店（1,000坪）が出店している。ジュンク堂書店は翌年に東京・池袋に1,000坪書店を予定していた。96年1月～12月の新規出店，増床は741件，7万205坪の増床であった。

大型書店のスケールメリットを狙った出店の背景には，書店店頭での売上不振状況がつづいていることが前提にある。またビルの賃貸料が安くなったこと，出版物のイメージと書店の集客力がビル経営者に魅力になっていることは事実である。この年はミリオンセラーが6点も出たが，稀有なことである。平成7年秋に刊行された春山茂雄『脳内革命　1』（サンマーク出版）はこの年も売れ行きを伸ばし390万部に達した。グラハム・ハンコック『神々の指紋　上・下』（翔泳社）は南極に古代遺跡があったとする古代史もので，爆発的に売れた。石原慎太郎『弟』（幻冬舎）は，弟の石原裕次郎を描いたものであるが，兄弟愛が如実にでていて広く読まれた。香港からロンドンまでのヒッチハイクを書いた猿岩石『猿岩石日記　1』（日本テレビ放送網）はテレセラーの典型的なものとして一気に100万部を突破した。

また，96年はベストセラーを生み出した「人気作家」が相次いで亡くなった年でもあった。2月には『竜馬がゆく』『坂の上の雲』などで知られる司馬遼太郎が，そして『野獣死すべし』のハードボイルド作家大藪春彦が急死した。3月には『仁義なき戦い』『山口組三代目』の飯干晃一が，6月には『おはん』『風の音』『生きていく私』で知られる執筆歴70年の宇野千代が亡くなった。9月には「ミステリーの女王」の異名を取り，『消えた相続人』『鳥獣の寺』『百人一首殺人事件』などの作品をもつ山村美紗が執筆中に倒れ死去。また，『ドラえもん』『パーマン』の生みの親で単行本の売れ部数は1億部ともいわれる藤子・F・不二雄が，そして『白い人』『沈黙』などで知られる狐狸庵先生の愛称のユーモアのあるエッセイで人気のあった遠藤周作が亡くなった。大型書店では，遺影をかかげたり，業績をふり返るコーナーづくりで，読者の関心を集めた。

I 記 録

　電子出版が盛んになり，インターネットによる販売についても，「1　平成出版通史」の「前期」の項目で述べさせてもらった。これに関連してウェブサイトが急増したことにふれてみたい。つまりネット上で出版物を販売する出版社，取次，書店の出現である。出版社では小学館，岩波書店であり，取次会社ではトーハンの「本の探検隊」，書店では紀伊國屋書店の「KINOWEB」や図書館流通センターである。各社の新刊案内など画面で検索して，電話やFAXで注文できるシステムである。

　インターネットを通じた出版物の販売が増えてくることは予想された。この時点（平成8年）では注文者への配送をどうするか，問題として残されていた。

　現在（令和元年）は，その時点から23年経過している。この問題はアマゾンによって完全に解決されている。国内の流通業者がアマゾンの優位に挑戦しているのが現状である。

 ベストセラーズ

1　春山茂雄『脳内革命　1・2』サンマーク出版
2　野口悠紀雄『「超」勉強法』講談社
3　G・ハンコック　大地舜訳『神々の指紋　上・下』翔泳社
4　猿岩石『猿岩石日記　part 1・2』日本テレビ放送網
5　D・ゴールマン　土屋京子訳『EQ　こころの知能指数』講談社
6　近藤誠『患者よ，がんと闘うな』文藝春秋
7　石原慎太郎『弟』幻冬舎
8　立花隆『ぼくはこんな本を読んできた』文藝春秋
9　Y・ゴルデル　池田香代子訳『ソフィーの世界』日本放送出版会
10　さくらももこ『あのころ』集英社

文学・文化賞

芥川賞
　第115回　川上弘美『蛇を踏む』
　第116回　柳美里『家族シネマ』／辻仁成『海峡の光』

直木賞
　第115回　乃南アサ『凍える牙』
　第116回　坂東眞砂子『山妣』

毎日出版文化賞　第50回
　秋山駿『信長』新潮社／中井久夫『家族の深淵』みすず書房／オリバー・サックス『手話の世界へ』晶文社／水俣病研究会編『水俣病事件資料集 1926～1968』葦書房／特別賞　石原慎太郎『弟』幻冬舎

新風賞　第31回
　春山茂雄『脳内革命　1・2』サンマーク出版

梓会出版文化賞　第12回
　ドメス出版／特別賞　白水社

出版統計

	書　籍	雑　誌	計
点　数	60,462	4,530	
平均定価（円）	2,941	420	
発行部数（万部）	154,421	521,333	675,754
実売部数（万部）	99,602	380,578	480,180
返品数（％）	35.5	27	
実売金額（万円）	109,960,105	159,840,697	269,800,802

Ⅰ　記　録

平成9（1997）年

🔍 業界10大ニュース

1　返品率の増大に先行きの見えない不況感
2　再販制見直し論議の攻防，最終段階へ
3　被疑者中学生顔写真掲載で『フォーカス』販売自粛拡がる
4　消費税率5％に変更，大きな混乱なく推移
5　メディアミックスで，『失楽園』ミリオンセラー
6　文庫マーケットに幻冬舎，小学館などが参入
7　新しい流通チャネル，インターネット販売本格化
8　相次ぐ大型店の出店，各地で書店戦争も
9　CD-ROM 出版多様化，個性的出版が話題に
10　日本版ビッグバン構想で多様な出版物相次ぐ

　昨年までは雑誌・書籍とも売上げは右肩上がりに推移してきた。しかし，この年の統計数字をみるかぎりマイナスになった。昨年の出版概況では史上最高の販売冊数，売上げについてふれたが，その実績を支える要件が揃っていた。大型書店の台頭，増床店急増，出版点数の増加，ブックオフの誕生等，プラス要因ばかりであった。しかし，この年に下降の現象が見え始めた。それは返品率が上昇したことである。つまり上昇要件と下降要件の混在していたのが平成9年であった。

　渡辺淳一の『失楽園』（講談社）が300万部売れた。平成8年に売れた『マディソン郡の橋』と同様，不倫小説であった。『日本経済新聞』に1年間連載され，ビジネスマンにまず読まれた。その後単行本，映画化，ラジオドラマ化，テレビドラマ化で話題を盛りあげた。派生現象として映画化された主演女優の写真集も爆発的に売れた。

店頭だけを見る限り，この年は幻冬舎文庫，ハルキ文庫，小学館文庫の創刊などが続き活況であった。文庫は定期刊行物であり，書店では雑誌に次ぐメインエンジン商品である。平成8年11月に角川文庫が，手のひらにのるほどの小さな「角川ミニ文庫」（A7判）を発刊している。しかし，成功しなかった。不作文庫としてはこの頃，新潮文庫が名作主体の作品戦略をCVSに向け展開した。しかしマーケットにマッチせず，早々に撤退している。

　消費税が5％に変更された。外税方式が採用され，大きな混乱はなかった。書店では税率変更にともなうレジスターの調整や新規導入など，経費のかかったとの声もあった。

　国際的な社会問題としては不幸が多かった。ダイアナ元皇太子妃がパリで交通事故死した。ペルーの日本大使館公邸に特殊部隊が突入，71人の人質が救出された。エジプトのルクソール遺跡ではイスラム過激派が銃を乱射し，日本人5人を含む観光客60人が殺害された。

　国内は北海道拓殖銀行が経営破綻した。都市銀行の倒産は戦後初めてであったため，ショックは大きかった。北海道内の書店が影響を受けたことはもちろんであった。山一證券が自主廃業を決定した。当時のテレビ放映で，同社の社長が，廃業を詫びる痛々しい姿は，今日まで残影として記憶する人も多いであろう。

　アジア通貨危機が，タイを中心にアジア諸国に現れ，通貨が下落した。出版物全体が厳しいなか，2年連続8万坪を超える新規書店があった。このことは各年史の平成8年で記した。出店を継続している書店はいずれもナショナルチェーン店である。この影響は既存書店を直撃し，前年対比で5～6％の売上ダウンとなっている。このため，書店の取次に対する支払率が悪化し，支払を調整するための金融返品が増加した。この結果，書店・取次・出版社とも収益は悪化した。

　金融不安による銀行の貸し渋りも出てきた。このため業界では生産調整，送品規制をして返品を改善しようとする気運が現れてきた。昨年が書籍・雑誌が最高の売上げであったといわれる業界が1年もたたずしてのこの状況に陥るの

I　記　録

を見ると，やはり業界の浅さを感ずるものである。同じパイを食うのではなく，市場拡大，読者の育成を優先させなければならない。

　新しい流通チャネルとして，インターネットによる販売が本格化してきた。9月9日，日本書籍出版協会（書協）のホームページ上に書協が発行する「日本書籍総目録」収蔵の約50万点が検索できる「books」が開設された。インターネットで出版情報を提供し，ネット上で販売する書店が増えてきた。紀伊國屋書店の会員制の「BOOKweb」は売上が月商約5,000万円と急増している。

　今後，新たな流通チャネルとしてのインターネットを利用した出版物の販売が増えてくることは確実視され，出版社，取次会社，書店のそれぞれが対応を迫られている。

 ベストセラーズ

1　渡辺淳一『失楽園　上・下』講談社
2　妹尾河童『少年H　上・下』講談社
3　浅田次郎『鉄道員（ぽっぽや）』集英社
4　堺屋太一『「次」はこうなる』講談社
5　さくらももこ『ももこの世界あっちこっちめぐり』集英社
6　F・アルベローニ　大久保昭男訳『他人をほめる人，けなす人』草思社
7　ビストロスマップ制作委員会編『ビストロスマップ完全レシピ』扶桑社
8　藤沢周平『漆の実のみのる国　上・下』文藝春秋
9　宮沢正明撮影『菅野美穂写真集 NUDITY』インディペンデンス
10　春山茂樹『脳内革命　1・2』サンマーク出版

 文学・文化賞

芥川賞
　　第117回　目取真俊『水滴』
　　第118回　該当作なし

直木賞
　第117回　篠田節子『女たちのジハード』／浅田次郎『鉄道員（ぽっぽや）』
　第118回　該当作なし
毎日出版文化賞　第51回
　立松和平『毒―風聞・田中正造』東京書籍／中西輝政『大英帝国衰亡史』PHP研究所／新妻昭夫『種の起源をもとめて』朝日新聞社／田主丸町誌編集委員会編『田主丸町誌　全3巻』田主丸町／特別賞　妹尾河童『少年H　上・下』講談社
新風賞　第32回
　渡辺淳一『失楽園　上・下』講談社
梓会出版文化賞　第13回
　日本図書センター／特別賞　みすず書房

出版統計

	書　籍	雑　誌	計
点　　数	62,336	4,459	
平均定価（円）	2,992	424	
発行部数（万部）	157,354	522,375	679,729
実売部数（万部）	96,615	370,886	467,501
返品率（％）	38.6	29	
実売金額（万円）	110,624,538	157,255,770	267,880,353

I 記録

平成10（1998）年

 業界10大ニュース

1. 未曾有の出版不況，いずれも減収減益
2. 公取委，「著作物再販制度の取扱いについて」発表
3. 中央公論社経営不振で，読売新聞社の傘下に
4. 再販制の弾力運用が検討され，具体化取組みへ
5. 『広辞苑』第5版刊行，広告戦略も話題に
6. CD-ROM版百科事典，大型辞・事典刊行相次ぐ
7. 隠密作戦のスクープ出版，『ダディ』ミリオンセラーに
8. 角川書店東京二部上場，事業展開に業界の注目集まる
9. 国立国会図書館創立50周年，電子納本が課題
10. 新たな書籍メディアに向けて電子書籍コンソーシアム設立

　平成10年の実質GDP成長率は−1.1％であった。この数字が示す如く，この年は書店もさることながら，出版社受難の年であった。
　中央公論社が経営不振で読売新聞社の傘下に入った。中央公論社の経営不振は数年前から噂にのぼっていた。1,130億円の負債を抱え，その成り行きが注目されていた。読売新聞社の渡辺恒雄社長は「良質な出版物の文化価値を維持しつつ，よい形で再スタートがきれるよう，物心両面から最大限の協力をしたい」と信念を語っている。営業上の諸権利，出版在庫，不動産が有償で譲渡され，読売新聞社の100％子会社になった。中央公論新社側も，社名が存続し，全社員の雇用，将来の保証がなされたことは安堵であった。
　この中央公論社のつまずきは深刻な出版不況のなかで象徴的な事件であった。すでに業界の倒産劇ははじまっていた。平成3年近藤出版社，平成4年六興出版，大陸書房，平成5年全国加除法令，平成6年鎌倉書房，海南書房，啓学出

版，平成8年国際情報社と中堅出版社の倒産が続いた。中央公論社以降，平成22年までは倒産の嵐である。

平成11年サイマル出版会，京都書院，光琳社出版，保育社，平成12年小沢書店，駸々堂，平成13年経営実務出版，平成14年同朋舎出版，ワラジヤ出版，社会思想社，勁文社，平成15年婦人生活社，平成16年東京布井書店，六法出版社，健友社，大明堂（廃業），平成17年メタローグ，平成18年経林書房，ビブロス，平成19年山海堂，エクスメディア，嶋中書店，平成20年歴史春秋出版，教育書籍（長野），平成21年雄鶏社，MPC，技術書院，平成22年工業調査会等，日本の出版界は倒産・廃業列島の様相を呈した。

角川書店が東証第二部に上場した。業界不振のなか，これからの生き残り策と出版界の枠組みの変化として，角川の上場はその一例であった。これまでに出版関係社では学習研究社，ベネッセコーポレーション，昭文社，中央経済社，アスキーなどが上場している。

国全体の経済にも不況現象は表れている。銀行の不良債権が約76兆円になったと大蔵省が発表している。政府は1府22省庁を1府12省庁に改編した。そして金融監督庁を発足させた。また，日本長期信用銀行を一時国有化した。

出版界は未曾有の不況に陥り，減収減益の出版社・書店が続出した。なかでも書籍の返品率が史上初40％となった。このことを重く受け止めなくてはいけない。雑誌は29％であった。出版社の浮沈は今にはじまったことではなく，従来から存在していた。出版社の夢と現実は思うようにならぬのが，当今の実態である。出版社の盛衰にはいくつかのタイプがある。(1)消えた出版社，(2)転んだ出版社，(3)残った出版社，(4)撤退した出版社，の4型である。

中央公論社の場合は(3)のタイプである。筆者は個人的にも残ってよかったと思っている。

中央公論社は創業は明治19年である。当時は「反省会雑誌」の版元であった。現在の誌名「中央公論」に改題したのは明治32年である。現在，出版社は3,434（2019年3月現在）あるが，中央公論社は古さでは9番目に相当する。歴史，実績のある版元が残ったことは意義のあることだった。

I 記録

　パソコンの普及にともない CD-ROM による出版が増えている。10月下旬，平凡社（発行日立デジタル平凡社）が『世界大百科事典』を発売した。小学館は『スーパー・ニッポニカ』を12月に刊行した。マイクロソフトも『エンカルタ百科事典99』を刊行した。ほかに『大事典 NAVIX』（講談社），『ハイブリッド新辞林』（三省堂），『広辞苑』（岩波書店）などの大型辞・事典の CD-ROM 刊行が相次いだ。

　電子書籍の開発をすすめてきた出版社を中心に，取次会社，書店，印刷会社，電機メーカー，通信業者など13社が参加する「電子書籍コンソーシアム」が9月に設立され，読書端末を使った実験がスタートした。新たな書籍メディアにむけてのトライであった。

 ベストセラーズ

1　五木寛之『大河の一滴』幻冬舎
2　大川隆法『幸福の革命』幸福の科学出版
3　F・アルベローニ　大久保昭男訳『他人をほめる人，けなす人』草思社
4　R・カールソン　小沢瑞穂訳『小さいことにくよくよするな！』サンマーク出版
5　鈴木光司『ループ』角川書店
6　池田大作『新・人間革命　1～3』聖教新聞社
7　さくらももこ『ももこの話』集英社
8　有野有三編『発掘！あるある大事典　1・2』関西テレビ放送
9　京極夏彦『塗仏の宴　宴の始末』講談社
10　松本人志『松本人志　愛』朝日新聞社

 文学・文化賞

芥川賞
　　第119回　藤沢周『ブエノスアイレス午前零時』／花村萬月『ゲルマニ

ウムの夜』

　　第120回　平野啓一郎『日蝕』

直木賞

　　第119回　車谷長吉『赤目四十八瀧心中未遂』

　　第120回　宮部みゆき『理由』

毎日出版文化賞　第52回

　　高村薫『レディ・ジョーカー　上・下』毎日新聞社／門玲子『江戸女流文学の発見』藤原書店／岩田誠『見る脳・描く脳』東京大学出版会／萱野茂録音・編著『萱野茂のアイヌ神話集成　全10巻』ビクターエンタテイメント／特別賞　『筑摩世界文学大系　全89巻全91冊』筑摩書房

新風賞　第33回

　　五木寛之『大河の一滴』幻冬舎

梓会出版文化賞　第14回

　　作品社／特別賞　名古屋大学出版会

出版統計

	書　籍	雑　誌	計
点　　数	63,023	4,446	
平均定価（円）	2,905	424	
発行部数（万部）	151,532	516,958	668,490
実売部数（万部）	90,919	367,040	457,959
返品率（％）	40	29	
実売金額（万円）	106,102,638	155,620,363	261,723,001

I　記　録

平成11（1999）年

🔍 業界10大ニュース

1　出版不況3年連続，前年割れ続く
2　インターネット販売多様化，急速な進展
3　乙武洋匡『五体不満足』，記録的ベストセラー
4　『買ってはいけない』大ヒット，批判本も売れる
5　新書創刊相次ぐ，新書のベストセラーも目立つ
6　デジタルコンテンツ（BOD）販売はじまる
7　流通改善，再販運用推進委員会「弾力運動レポートⅡ」発表
8　「老人力」「定年後」をコンセプトにした本が続出
9　納本制度調査会，電子出版物の納本について答申
10　地方分権一括法成立，図書館長の司書資格不要に

　販売チャンネルの新しいスタイルが登場した。それはインターネットによる出版物の販売である。

　トーハンの開発したネット販売はセブン-イレブン・ジャパン，ソフトバンク，ヤフーと合弁会社でつくった「イー・ショッピング・ブックス」である。この新事業は当初はウェブサイトで受注し，セブン-イレブンで商品の受渡しをするものであった。しかし，まもなく注文者の自宅，勤務先近くのトーハン系書店で受け取れるようになった。

　日販も「本やタウン」のサイトで大手書店の在庫商品と連携した販売を開始した。大阪屋は「本の問屋さん」，栗田出版販売は「Book-Site」というウェブサイトを立ち上げた。株式会社ブックサービスは11月から栗田出版販売からデータベースの提供を受け独自のサイトを開設し，販売を始めた。書店では文教堂が「JBOOK」，三省堂書店もサイトを開いて積極的販売を行っている。三

省堂書店は私鉄とタイアップして，注文品が利用駅の売店で受け取れるシステムを開発し，話題になった。

東京都書店組合の青年部もこのネット販売に着目，システム開発を目指した。その関連として「TS流通協同組合」が設立された。書店組合自身の取次業務の開始である。大手出版社の協力が得られるのか，集品という流通業務が円滑にできるのか，船出は大変であった。

ネット販売は出版業界に各種の問題を投げた。アマゾンを知らない黎明期のネット販売であった。

3年連続で雑誌・書籍の売上げが前年割れに陥った。出版界としてははじめての経験である。政治・経済，社会的な不安で先が見えない状況にあり，出版業界の不振もその反映と見ることができる。パソコン，携帯電話，ゲームソフトに出費がかさみ，また時間をとられたことが出版物の売行き不振につながった。ネット販売が販売新ルートになるか，この年はスタートの年と見ることができる。

この年の話題は乙武洋匡の『五体不満足』に尽きるであろう。出版，テレビを独占するかたちで彼は社会に登場した。乙武さんの行動や思考が多くの人に感動を与えたのである。『五体不満足』はまさに飛ぶように売れた。

本が売れないときには廉価版が売れるといわれる。新書版のベストセラー化はそのよい例である。大野晋の『日本語練習帳』（岩波書店）は上記『五体不満足』に次いで売れた。

一方，時代の反映現象としてケータイ着メロ本が大ブレイクを起こした。主として若い女性，高校生が対象であった。業界の雀は，普段あまり本を読まない層（失礼かな？）が，「着メロ本」でもよいからと書店に足を運んでくれることは有難いと期待されていた。「着メロ本」は，本の作りにしても，内容にしても軽いかもしれないが，一時は書店店頭を賑わせてくれた。しかし，ブームは3年とつづかなかったと記憶している。

実用書で統計がとられているゲームソフトの攻略本『ファイナルファンタジーⅧ』が爆発的に売れた。パソコン，携帯電話，ゲームソフト全盛になる前

I　記　録

哨戦がこのときスタートしたといってよい。電車内の文庫，週刊誌，新聞は忘れ去られてゆくのである。コンテンツもウェブ，入手もウェブになり，店頭は遠くなってきている。この時点ではまだアマゾンは上陸していないが，静かにウェブサイトが業界に迫ってきていた。

　光文社は自社のウェブサイトに電子書店を開設し，自社の文庫の販売を積極的に行った。講談社は『週刊現代』のウェブを販売した。一方，オンデマンド出版が話題となっている。日販が10月からはじめた新事業「ブッキング」は1冊からの注文に応じた出版である。またトーハンと凸版印刷は合弁会社「デジタルパブリッシングサービス」を設立し，プリント・オンデマンドの新事業を12月から開始した。大日本印刷系の『本とコンピュータ』編集室も「HONCO ondemand」を始め，11月に6点の小部数出版物を刊行した。紀伊國屋書店は「電子本」の名前で学術書のオンデマンド出版をおこなった。「電子書籍コンソーシアム」も11月から実証実験を開始した。

ベストセラーズ

1　乙武洋匡『五体不満足』講談社
2　大野晋『日本語練習帳』岩波書店
3　大川隆法『繁栄の法』幸福の科学出版
4　山崎豊子『沈まぬ太陽　1～5』新潮社
5　桐生操『本当は恐ろしいグリム童話　1・2』ベストセラーズ
6　江藤淳『妻と私』文藝春秋
7　五木寛之『人生の目的』幻冬舎
8　西尾幹二『国民の歴史』扶桑社
9　後藤道夫『子どもにウケる科学手品77』講談社
10　「少年A」の父母『「少年A」この子を生んで…』文藝春秋

文学・文化賞

芥川賞
　第121回　該当作なし
　第122回　玄月『蔭の棲みか』／藤野千夜『夏の約束』
直木賞
　第121回　桐野夏生『柔らかな頬』／佐藤賢一『王妃の離婚』
　第122回　なかにし礼『長崎ぶらぶら節』
毎日出版文化賞　第53回
　エリア・カザン　佐々田英則・村川英訳『エリア・カザン自伝　上・下』朝日新聞社／大林太良『銀河の道　虹の架け橋』小学館／山田真弓・内田亨監修『動物系統分類学　全10巻』中山書店／和田肇企画『日本の名随筆　全200巻』作品社／特別賞　赤瀬川原平『老人力』筑摩書房
新風賞　第34回
　乙武洋匡『五体不満足』講談社
梓会出版文化賞　第15回
　柏書房／特別賞　中山書店

出版統計

	書　籍	雑　誌	計
点　　数	62,621	4,396	
平均定価（円）	2,916	434	
発行部数（万部）	147,441	497,231	644,672
実売部数（万部）	88,612	348,559	437,171
返 品 率（％）	39.9	29.9	
実売金額（万円）	104,207,760	151,274,576	255,482,236

I 記録

平成12（2000）年

業界10大ニュース

1　4年連続のマイナス，業界3者の枠組みも変化
2　公取委，結論にむけて「検討報告書」を公表
3　インターネット書店続出，競合状態が続く
4　出版規制の法案に対し，出版界は反対声明
5　出版不況のなかで多彩なベストセラーが続出
6　「子ども読書年」が読書推進の動きを促進
7　電子書籍やオンデマンド出版など多様な展開
8　読者を絞り込んだ文庫，創刊ラッシュ現象
9　日書連「書店21世紀ビジョン報告書」を発表
10　三島由起夫没後30年，関連書多数，全集も発刊

『ハリー・ポッター』シリーズ（J・K・ローリング著，静山社）が児童書業界，書店の子どもの本売場を救ったといっても過言ではないほど，衝撃的なデビューであった。

書店店頭で1ジャンルの売上シェアが3％以下になると，このジャンルは棚確保について危険水域にあるといわれる。この年の前後はこどもの本，学習参考書は低迷をつづけていた。なかでも児童書はショッピングセンター内の書店を除いてはお荷物ジャンルであった。

ところが『ハリー・ポッター』シリーズの発売後は児童書売場にお客様がもどってきた。児童書売場縮小の話は全く嘘のように消えてしまった。ファンタジー文学がもどったので，子どもの本は絵本，物語，ファンタジーと幅が広がり，読者層も急激に増えたのである。なかでも一番喜んだのは書店現場である。『ハリー・ポッター』の第1巻は80万部を超える大ヒットとなった。第2巻の

『ハリー・ポッターと秘密の部屋』が刊行されると，再び売れ足を伸ばし，第1巻，第2巻あわせて200万部を突破した。

このシリーズの販売特徴は予約販売が多いことである。こどもの本では稀有な現象であった。コミックに走っていた小学校の中高学年の子どもたちが児童書売場に戻ってきた効果もあった。まさに『ハリー・ポッター』シリーズは福音書であった。

この年は「子ども読書年」で，東京・上野で日本で初めての「国際子ども図書館」が開館した。「子ども読書年」の催事は読書推進運動の一環としての書店店頭での読み聞かせをはじめ，全国での読書推進運動キャンペーンや講演会が実施された。「朝の読書」の実施校は約5,000校にのぼっている。生まれた直後から読書に親しんでもらう運動「ブックスタート」も活動を開始した。「子ども読書年」は読書推進運動にはずみをつけたのである。

また，「子ども読書年」ということもあるが，行政が力を入れた影響もある。大人のためには国会図書館，公共図書館，専門図書館があるが，ターゲットを子どもに絞った施設は少なかった。先進諸外国のなかでは後発であった。

書店店頭においても児童書売場はアメリカの書店に比較すると劣勢である。1つにはアメリカの書店の児童書売場にはステージがある。つまり土日になるとストーリーテラーが本を読んでくれる。この読み聞かせの歴史は古い。日本でもこの姿に刺激を受け，読み聞かせが定着したことはよいことであった。

日本の書店の児童書売場には，子どもがいない，少ないといわれる。滞在する層は幼児，母親が主で，小学生の中学年以上の子どもを見かけることは少ない。彼らは小学生低学年を過ぎると，コミック売場に足を向けるからである。児童書出版社にとっては泣き所であった。その点を救った本が『ハリー・ポッター』シリーズであった。せっかく帰ってきた子どもたちを逃がすことは業界の損失である。以前からこども用の読み物は用意されてあった。講談社「青い鳥文庫」，岩波書店「岩波少年文庫」，偕成社「偕成社文庫」等が代表されるシリーズである。これらの本には推理小説，探偵小説，創作児童文学，ノンフィ

クション等と立派な作品が揃っていた。書店の棚にはあるが，売れずに残った状況が長くつづいた。そこに『ハリー・ポッター』シリーズの発刊があり，子どもたちを喚起してくれたことは児童書革命であった。

東京都では「青少年健全育成条例」の「改正」による規制強化が日程にのぼった。また国レベルではメディア環境を規制しようとする「青少年社会環境対策基本法案」が自民党によって提出されようとしていた。一方，政府によって「個人情報保護基本法」の大綱がまとめられた。

出版界ではこうした一連の動きに対して，出版倫理協議会をはじめ，日本書籍出版協会，出版流通対策協議会，日本書店商業組合，日本出版労働組合連合会など出版団体が一斉に「意見書」「見解」などのアピール文を出した。

前年にひき続きインターネット書店が相次いだ。6月にドイツのメディア企業ベルテルスマンの日本法人の「BOL」ができた。7月には図書館流通センターを中心に異業種の出資で株式会社ブックワンが設立され「bk1」が開設された。11月にはアマゾンが参入した。

ベストセラーズ

1　大平光代『だから，あなたも生きぬいて』講談社
2　J・K・ローリング　松岡佑子訳『ハリー・ポッターと賢者の石』静山社
3　A・ピーズ　藤井留美訳『話を聞かない男，地図が読めない女』主婦の友社
4　J・K・ローリング　松岡佑子訳『ハリー・ポッターと秘密の部屋』静山社
5　講談社インターナショナル編『これを英語で言えますか？』同社刊
6　辰巳渚『「捨てる！」技術』宝島社
7　大橋巨泉『巨泉人生の選択』講談社
8　大川隆法『太陽の法』幸福の科学出版
9　立花隆『脳を鍛える』新潮社

10　飯島愛『プラトニック・セックス』小学館

文学・文化賞

芥川賞
　　第123回　町田康『きれぎれ』／松浦寿輝『花腐し』
　　第124回　青来有一『聖水』／堀江敏幸『熊の敷石』
直木賞
　　第123回　金城一紀『GO』／船戸与一『虹の谷の五月』
　　第124回　山本文緒『プラナリア』／重松清『ビタミンF』
毎日出版文化賞　第54回
　　池澤夏樹『花を運ぶ妹』文藝春秋／森博達『日本書紀の謎を解く』中央公論新社／ゲーテ　池内紀訳『ファウスト　全2巻』集英社／谷本一之『アイヌ絵を聴く』北海道大学図書刊行会／ベルンハルト・シュリンク　松永美穂訳『朗読者』新潮社
新風賞　第35回
　　松岡佑子訳『ハリー・ポッター』シリーズ，静山社／特別賞　講談社『本とあそぼう　全国訪問おはなし隊』朝の読書推進協議会　大塚笑子
梓会出版文化賞　第16回
　　明石書店／特別賞　法藏館

出版統計

	書　籍	雑　誌	計
点　　数	65,065	4,533	
平均定価（円）	2,963	433	
発行部数（万部）	141,986	487,704	629,690
実売部数（万部）	86,327	345,782	432,109

I 記録

返品率（％）	39.2	29.1	
実売金額（万円）	101,521,126	149,723,665	251,244,791

平成13（2001）年

業界10大ニュース

1 橋口発言から23年，再販制は存続の結論
2 専門取次鈴木書店，負債総額約40億円で破産
3 とどまるところを知らない「ハリ・ポタ」旋風
4 初速記録の『チーズはどこへ消えた？』，類似本騒動
5 厳しい出版状況への分析本が続出
6 『新しい歴史教科書』，市販本はベストセラーに
7 写真週刊誌時代を盛り上げた『フォーカス』休刊
8 市場拡大へ，乱立気味の新書創刊ラッシュ
9 テロ報復戦争長期化に，関連書続々緊急出版
10 コミック作家たちが，新古書店商法へ対抗

　昭和53年，当時の公取委の橋口収委員長の「再販制廃止」発言から23年経った。そして今年3月23日，公取委は「著作物再販制度の取扱いについて」を公表した。
　「著作物再販制度は，独占禁止法上原則禁止されている再販売価格維持行為に対する適用除外制度であり，独占禁止法の運用を含む競争政策を所管する公正取引委員会としては，規制改革を推進し，公正かつ自由な競争を促進することが求められている今日，競争政策の観点からは同制度を廃止し，著作物の流通において競争が促進されるべきであると考える。
　しかしながら，国民各層から寄せられた意見をみると，著作物再販制度を廃

止すべきとする意見がある反面，同制度が廃止されると，書籍・雑誌及び音楽用 CD 等の発行企画の多様性が失われ，また，新聞の戸別配達制度が衰退し，国民の知る権利を阻害する可能性があるなど，文化・公共面での影響が生じるおそれがあるとし，同制度の廃止に反対する意見も多く，なお同制度の廃止について国民的合意が形成されるに至っていない状況にある。

　したがって，現段階において独占禁止法の改正に向けた措置を講じて著作物再販制度を廃止することは行わず，当面同制度を存置することが相当であると考える」。

　再販制と委託販売制によって出版界は発展してきた。その再販制の存続が決まったことで出版界は一段落した印象である。建前は再販制存置を認めたものの，依然として出版業界の硬直的な姿勢が競争社会にそぐわないとする見方は強く残っている。そこで公取委は出版業界に対して，希望事項を述べ，業界の課題として実行せよと指示している。それは「著作物再販制度の取扱いについて」であり 6 項目を提示している。(1)時限再販・部分再販等再販制度の運用の弾力化，(2)各種の割引制度の導入等価格設定の多様化，(3)再販制度の利用・態様についての発行者の自主性の確保，(4)サービス券の提供等消費者に対する販売促進手段の確保，(5)通信販売，直販等流通ルートの多様化及びこれに対応した価格設定の多様化，(6)円滑・合理的な流通を図るための取引関係の明確化・透明化その他取引慣行上の弊害の是正。

　専門取次会社の鈴木書店が 12 月 7 日に倒産した。負債総額は約 40 億円。50 年以上にわたって人文・社会科学系の出版物を大学生協を中心に供給してきた実績は大きい。取引出版社は約 420 社，年間売上約 130 億円であった。倒産の要因は，高正味の出版社と大学生協，書店への優遇から低マージンになり，経営を圧迫させたことによる。同時に人文・社会科学書の売行き不振が売上高を減少させた。

　鈴木書店問題は現在の出版流通システムの問題であり，出版社，取次，書店の取引関係，取引条件，商慣行のあり方を再検討する契機となった。

　日本全体が再編の時代に入っている。すでに平成 11 年には第一勧業銀行，富

Ⅰ 記録

士銀行，日本興業銀行の3行がこの年をめどに統合すると発表。UFJ，三菱東京，三井住友銀行と，先ほど統合を発表していたグループがみずほ銀行として発足した。これによって日本の金融界は4大メガバンク時代に入ったわけである。

消費時代をリードしてきた大手スーパーもその例にもれない。平成11年のダイエー不振，12年のそごう倒産以降，マイカルの民事再生，雪印の大量人員削減，など毎年倒産の話題は尽きない。

こうした不況時代に，出版業界では不安な時代を反映して，即効性のある書籍が求められた。時代対応出版物である。手堅く売れるジャンルとして資格試験書発行に進出する出版社が目立った。従来の実用書版元に競合が現れたのである。新しい資格が次々と生まれていった時代である。この時代人気のあった資格試験はワープロ検定，ファッションコーディネート色彩能力検定，インテリアコーディネーター，国内旅行業務取扱主任者，社会保険労務士などであった。もちろん，安定した就職としての役人志向はいつの時代も同じである。国家公務員Ⅰ種・Ⅱ種，地方公務員上級・中級・初級の問題集は，書店では必須の品揃えであった。公務員試験は6～9月に実施されるので，春先の仕入，陳列が肝要であった。

ベストセラーズ

1　S・ジョンソン　門田美鈴訳『チーズはどこへ消えた？』扶桑社
2　J・K・ローリング　松岡佑子訳『ハリー・ポッターと賢者の石』静山社
3　大川隆法『奇跡の法』幸福の科学出版
4　R・キヨサキ／S・レクター　白根美保子訳『金持ち父さん貧乏父さん』筑摩書房
5　池田大作『新・人間革命　9・10』聖教新聞社
6　A・ピーズ／B・ピーズ　藤井留美訳『話を聞かない男，地図が読めない女』主婦の友社

7　O・マンディーノ　坂本貢一訳『十二番目の天使』求龍堂
 8　飯島愛『プラトニック・セックス』小学館
 9　堀場雅夫『仕事ができる人　できない人』三笠書房
10　高見広春『バトル・ロワイアル』太田出版

 文学・文化賞

芥川賞
　　第125回　玄侑宗久『中陰の花』
　　第126回　長嶋有『猛スピードで母は』
直木賞
　　第125回　藤田宜永『愛の領分』
　　第126回　山本一力『あかね空』／唯川恵『肩ごしの恋』
毎日出版文化賞　第55回
　　富岡多恵子『釋迢空ノート』岩波書店／原武史『大正天皇』朝日新聞社／西村肇・岡本達明『水俣病の科学』日本評論社／江戸遺跡研究会編『図説 江戸考古学研究事典』柏書房／特別賞　宮部みゆき『模倣犯 上・下』小学館
新風賞　第36回
　　スペンサー・ジョンソン『チーズはどこへ消えた？』扶桑社
梓会出版文化賞　第17回
　　東海大学出版会／特別賞　思潮社／平凡社

出版統計

	書　籍	雑　誌	計
点　　数	71,073	4,447	
平均定価（円）	2,715	431	

I 記 録

発行部数（万部）	138,462	479,772	618,234
実売部数（万部）	85,015	334,401	419,416
返品率（％）	38.6	30.3	
実売金額（万円）	131,744,600	144,126,867	275,871,467

平成14（2002）年

🔍 業界10大ニュース

1　『ハリー・ポッター』第4巻，初版部数前代未聞の230万部
2　著作権団体・出版社・図書館員，「図書館」をめぐる論議広がる
3　日本語本ブーム，ベストセラー相次ぐ，英語本も
4　日野原重明『生きかた上手』好調で，「老後本」が続出
5　拉致問題で北朝鮮関連書多数，雑誌の特集も
6　「朝の読書」実施校1万校突破，読書推進運動も活発に
7　ワンテーママガジン創刊相次ぐ，新たな読者層を対象に
8　個人情報・人権擁護・住基ネット問題で論議盛ん
9　出版界の基盤整備を目指す，日本出版インフラセンター設立
10　国立国会図書館関西館が開館，国際子ども図書館も本格オープン

　昭和63年からはじまった「朝の読書」は9月に実施校が1万校を突破した。全国で約400万人が「朝の読書」を体験している。授業開始10分前に，生徒各自がもってきた本を読むという「朝の読書」は「みんなでやる」「毎日やる」「好きな本でよい」「ただ読むだけ」の4原則を実行することが主旨である。
　平成13年12月に「子どもの読書活動の推進に関する法律」が施行された。推進法成立にともなって，この年から5年間で650億円（年間130億円）の学校図書館整備費を予算措置した。

「朝読」の拡がりにより，店頭での読み聞かせ，おはなしマラソン，JPIC の読書アドバイザーの活動，NPO のブックスタート運動も本格化した。子どもは国の宝であり，未来である。

11月に日本出版インフラセンターが誕生した。その目的は，(1)出版流通の改善を図り，その迅速化をすすめることで読者の顧客満足度を高める，(2)業界5団体（書協，雑協，取協，日書連，日本図書館協会）の業務の共同化，標準化等をすすめ，業界内の効率化を図る。実施機構として運営委員会を設け，会はビジネスモデル研究，貸与ビジネス研究，IC タグを研究する，である。

取協は出版 VAN に代わる「新・出版ネットワーク」を発表した。これにより EDI 化が遅れている仕入や返品などを取引関連へ拡大することが可能になってゆく。出版 VAN に加入できなかった出版社1,000社を目標に平成15年6月から Web-EDI として新しいサービスを開始した。「新・出版ネットワーク」と「日本出版インフラセンター」（日本出版データセンターの改称）の動向はコンピュータを駆使した21世紀型の施策であった。この二つの組織の目的は次の二つである。(1)出版流通の改善を図り，その迅速化をすすめることで読者の顧客満足度を高める，(2)業界5団体（書協，雑協，取協，日書連，日本図書館協会）で構成されるメリットを生かし，業務の共同化，標準化等をすすめ，業界内の効率化を図る。

小泉純一郎首相が9月に訪朝，日朝首脳会談を行った。後に「日朝平壌宣言」に署名している。この会談により日本人拉致被害者5名が帰国した。当初の予定では帰国者は一時帰国で，またピョンヤンに戻ることになっていたといわれるが……。

筆者もこの年の6月に訪朝した。北朝鮮から日本の出版文化国際交流会に対し，本の寄贈（農業書，コンピュータ書，芸術書各1,000冊）の依頼があった。ピョンヤンブックフェア招待の交換条件（？）である。団長は農文協（農山漁村文化協会）坂本尚専務理事（当時）をはじめ，有斐閣の山内昇副社長，二玄社の黒江雪子社長，明石書店の石井昭男社長，帝国書院の守屋美佐雄社長と編集者という総勢7人であった。ブックフェア参加国はほとんどが東ヨーロッパ諸

I　記　録

国で，アジアでは中国，ラオス，ベトナム等であった。

　筆者は現地の書店を視察することが主目的であった。先方にその旨を告げたが渋っていた。結局連れていってくれたのは政府刊行物センター（約20坪）であり，ピョンヤンには書店がないことがわかった。センター内部は3区分され，(1)金日成の全集，選集，伝記，(2)朝鮮労働党発行の書籍，雑誌，新聞，パンフレット，(3)ピョンヤン市街地図，案内書，絵葉書，国旗，バッジ等である。小説，子どもの本などまったくみられなかった。

　筆者の宿の高麗ホテル2階に本の陳列があった。ホテル内は撮影 OK といわれていたが……ここで悲劇は起こった。筆者が売場を撮影していたからである。カメラ没収，翌日ホテル内で夜9時から10時30分まで人民裁判では7年半の刑を言い渡された。北の炭坑で労働刑であった。しかし今回は VIP ということで特別に帰国が許された。人生最大の悪夢だった。

 ベストセラーズ

1　J・K・ローリング　松岡佑子訳『ハリー・ポッターと炎のゴブレット』静山社
2　向山淳子・向山貴彦『ビッグ・ファット・キャットの世界一簡単な英語の本』幻冬舎
3　日野原重明『生きかた上手』ユーリーグ
4　齋藤孝『声に出して読みたい日本語』草思社
5　池田香代子　C・ダグラス・スミス対話『世界がもし100人の村だったら』マガジンハウス
6　国川恭子『ベラベラブック vol.1（青版）』ぴあ
7　池田大作『新・人間革命　11』聖教新聞社
8　大川隆法『常勝の法』幸福の科学出版
9　石原慎太郎『老いてこそ人生』幻冬舎
10　柴田武『常識として知っておきたい日本語』幻冬舎

文学・文化賞

芥川賞
　　第127回　吉田修一『パーク・ライフ』
　　第128回　大道珠貴『しょっぱいドライブ』
直木賞
　　第127回　乙川優三郎『生きる』
　　第128回　該当者なし
毎日出版文化賞　第56回
　　石川九揚『日本書史』名古屋大学出版会／ドナルド・キーン　角地幸男訳『明治天皇　上・下』新潮社／酒井邦嘉『言語の脳科学』中央公論新社・中公新書／岩波イスラーム辞典編集委員会編『岩波イスラーム辞典』岩波書店／特別賞　齋藤孝『声に出して読みたい日本語』草思社
新風賞　第37回
　　齋藤孝『声に出して読みたい日本語』草思社
梓会出版文化賞　第18回
　　緑風出版／特別賞　かもがわ出版／東京美術

出版統計

	書　籍	雑　誌	計
点　　数	74,259	4,417	
平均定価（円）	1,187	435	
発行部数（万部）	137,331	467,855	605,186
実売部数（万部）	85,282	327,498	412,780
返品率（％）	37.9	30	
実売金額（万円）	112,338,800	142,461,848	254,800,648

I　記　録

平成15（2003）年

🔍 業界10大ニュース

1　『バカの壁』200万部突破，「養老本」続出
2　「公立図書館貸出し実態調査報告書」の発表
3　貸与権法制化の動き，貸与権連絡協議会発足
4　松下電器，ソニーの電子書籍事業がスタート
5　再販制の弾力運用でウェブバーゲン実施
6　仏教関連書ブーム，ワンテーママガジンも
7　『噂の真相』休刊宣言と文芸3誌の創刊
8　ミリオンセラーの新バージョン，多様な形で
9　消費税の総額表示義務化で対応はじまる
10　江戸開府400年で記念出版相次ぐ

　貸与権は音楽家や映画製作者には認められ，使用料が支払われているが，著作権法では「書籍・雑誌には貸与権を当分の間適用しない」（同法付則第4条の2）とあり，出版物の著作者には利益が還元されない。
　こうした不公正を是正してCD，ビデオと同様に貸与権を適用すべしという機運から貸与権連絡協議会が発足した。同協議会は関係省庁に「付則第4条の2」の撤廃を要求した。それに対して文化庁は貸与権を認める方針を発表した。ただし，貸本組合連合会は別扱いであった。
　数年前から著作者団体や一部の作家から，図書館は「無料貸本屋」ではないかと批判されていた。それはベストセラーになると同一本を複数購入するため，本来売れるべき本が売れず，損失をこうむっている，つまり著者は本来得るべき著作権料＝印税が入らないことを批判したものである。こうしたときに日本図書館協会と日本書籍出版協会は「公立図書館貸出実態調査2003報告書」を発

表した。これは従来からの議論の基本的な資料となるもので，全国427自治体，679館からの回答を得た。報告書の内容は以下の通りである。(1)「複本が多い，少ない」の主張のなかで議論の基盤が整った，(2)公立図書館の約25％の回答で4分の1のスケール・モデルが得られた，(3)複本数は人口あたりでは大都市より町村の方が多い，(4)学術書，教養書の分野で定評のある書籍を所蔵する自治体の割合は低いが，ベストセラーと比較すると高い，(5)図書館提供率は刊行後の月数が経過するにつれて高くなっている。書店より長く提供している。

　出版販売の周辺事情が変化してきている今日，業界関係者の真剣な議論がはじまったといえる。

　これまで消費世界の牽引役であったコンビニエンスストアの売上げが鈍化しはじめた。その理由は大手スーパーの営業時間延長が影響していた。それに加えて，利用者の年齢層の拡大に対応した品揃えが難しくなってきたからである。CVSのなかで，常に牽引役は断然セブン－イレブンであった。この勢いは現在に至るも変わらない。その理由は何か。セブン－イレブンは最も時代対応しているからである。消費者目線にたっての品揃え，接客，クリーンネスはローソン，ファミリーマートの追随を許さない。アイスクリームの年間設置，おでんの販売，公共料金支払いの取扱い，ATMの設置，そして100円コーヒーの開発である。他CVSはセブン－イレブンの二番煎じであった。現在セブン－イレブンの日商は72〜75万円であるが，2位のファミリーマートは65万円前後，ローソンはそれ以下である。

　出版業界は6万店あるこの巨大な販売チャネルを利用しない手はないと，いろいろとチャレンジしてきた。新潮文庫は名作文庫を置いたが大失敗，すぐに撤退した。角川文庫も角川ミニ文庫（A7判）でチャレンジしたが，これも不成功，撤退した。CVSの本の売上は98％は雑誌である。紙媒体の雑誌は凋落の一途である。書籍では実用書が健闘していたが，コンビニ利用者の高年齢化，メディア享受の媒体の変化などによって，CVS市場は急速に冷えている。これが時代対応の一つかもしれない。

　読書推進運動も活発化しており，「朝の読書」実施校は全国で1万5,000校を

Ⅰ　記　録

こえて，560万人の児童，生徒が実践している。また，新聞社が活字文化推進プロジェクトをつくり講演会を開いたり，学校に著者が出向いて生徒に話をするなどの読書推進運動を展開している。

　ブックスタート運動も全国500以上の自治体で実施している。一方，超党派の国会議員200名以上が参加した「活字文化議員連盟」が発足し，学校図書館や出版社と連携して活字文化の活性化をしようという動きも出てきた。

　流通関係では日販が中心となって他の取次会社と共同でつくった雑誌返品センター・蓮田センターが稼働した。出版流通改善のため，出版倉庫流通協議会が発足。出版関連の倉庫をネットワーク化し，在庫情報と出荷態勢の研究を開始した。また IC タグを利用した，21世紀型の流通を目指している中間法人日本インフラセンターは経済産業省の助成をうけて実証実験に取り組んでいる。

 ベストセラーズ

1　養老孟司『バカの壁』新潮社
2　片山恭一『世界の中心で，愛をさけぶ』小学館
3　フジテレビトリビア普及委員会編『トリビアの泉　へぇの本　1〜4』講談社
4　『ベラベラブック2　SmaSTATION-2』マガジンハウス
5　木村拓哉『開放区』集英社
6　池田大作『新・女性抄』潮出版社
7　大川隆法『大悟の法』幸福の科学出版
8　李友情・李英和『マンガ金正日入門』飛鳥新社
9　香取慎吾『ダイエット SHINGO』マガジンハウス
10　A・ピーズ／B・ピーズ著　藤井留美訳『嘘つき男と泣き虫女』主婦の友社

文学・文化賞

芥川賞
　第129回　吉村萬壱『ハリガネムシ』
　第130回　金原ひとみ『蛇にピアス』／綿矢りさ『蹴りたい背中』

直木賞
　第129回　石田衣良『4TEEN フォーティーン』／村山由佳『星々の舟』
　第130回　江國香織『号泣する準備はできていた』／京極夏彦『後巷説百物語』

毎日出版文化賞　第57回
　川本三郎『林芙美子の昭和』新書館／小熊英二『〈民主〉と〈愛国〉』新曜社／山本義隆『磁力と重力の発見　全3巻』みすず書房／網野善彦・石井進編『日本の中世　全12巻』中央公論新社／特別賞　養老孟司『バカの壁』新潮社

新風賞　第38回
　養老孟司『バカの壁』新潮社／特別賞　田中治男（ポプラ社名誉会長）

梓会出版文化賞　第19回
　人文書院／特別賞　金の星社

出版統計

	書　籍	雑　誌	計
点　　数	75,530	4,515	
平均定価（円）	1,185	434	
発行部数（万部）	133,486	453,316	586,802
実売部数（万部）	81,559	305,081	386,640
返品率（％）	38.9	32.7	
実売金額（万円）	96,448,536	135,151,179	231,599,715

Ⅰ　記　録

平成16（2004）年

🔍 業界10大ニュース

1. 『週刊文春』出版差し止め事件，決着するも問題残す
2. 『ハリー・ポッター』第5巻，初版部数最多の290万部
3. 大型書店出店相次ぐ，青山ブックセンター民事再生も
4. 文芸書を中心に，ミリオンセラー続出
5. 第130回芥川賞，最年少で受賞，文藝春秋も増刷
6. 貸与権成立，出版物貸与権管理センターが発足
7. 『冬ソナ』を契機に，韓流ブームおこる
8. 東京都青少年条例，規制強化に
9. 流通改善をめざし，トーハン「桶川計画」発表
10. 女性誌・男性誌，秋の創刊ラッシュ

　この年の書籍売上げ1兆236億円は前年比5.9％増と大幅に伸びた。『ハリー・ポッター』第5巻の初版発行部数は史上最多の290万部であった。第4巻は配本が来ないという中小書店の不満を解消するため「買切制」とした。第5巻も前巻同様買い切り扱い。初回配本だけ5％の返品を認めた。
　しかし，売行きの減速傾向がみられはじめた。つまり初速の売れ足が長続きしなかった。第4巻はベストセラー集計では月間ランキング1位が4か月続いたが，第5巻は1か月のみであった。
　もう一つ足を引っ張る環境があった。それはネット市場や新古書店（ブックオフ）などの第二次市場にも発売早々商品が出回ったことである。このように問題を残したとはいえ，実売部数230万部の数字は大きく，この年のベスト1であった。8年ぶりの売上プラスは『ハリー・ポッター』シリーズなくしては実現できなかった。

雑誌の長期低落傾向が続いている。創刊誌といえば，ワンテーママガジン（分冊百科）ばかりであった。こうしたなか，秋に30代を中心とした女性誌の創刊ラッシュと男性誌の創刊の話題に注目したい。5誌もの女性誌の創刊が相次いだことは，女性をターゲットとする広告媒体として企業が注目したからである。

集英社は自社刊の『MAQUIA（マキア）』の女性読者だけが誌面で紹介された化粧品を利用できる「マキアサロン」を東京銀座にオープンした。男性誌の場合は30代後半から50代までの中年男性，しかも高収入の男性セレブが対象である。広告をみると高級商品が多く入っている。

正月に発表された芥川賞の受賞者が史上最年少であったことと，二人の受賞者がともに女性のダブル受賞で，賞に弾みがついた。

昨年はミリオンセラーが2点であったのに対し，この年は7点にものぼった。ベストセラー効果で前年を大きく上回った。特に文芸書が好調であった。ベストセラーの部数が非常に多いことが特徴として挙げられる。この原因はテレビの紹介である。純愛小説が大ブームとなり，『世界の中心で，愛をさけぶ』『冬のソナタ』『いま，会いにゆきます』などが，テレビや映画と連動してミリオンセラー化した。テレビなどの映像メディアは若者層，新聞広告は中高年層を中心に，非常に強い訴求力を持つことが改めて証明された年であった。

この年は感動モノ，韓流，受賞作にヒットが多く，若年層には昨年に引き続き『Deep Love』シリーズ（スターツ出版）が大ヒットした。この出版社は数年前に，ケータイ小説を手掛けた版元である。中高年層には脳活性化ドリルがヒットした。

また市場の拡大に貢献したものに，ロースクールの開校があった。受験のための対策本や，法学未修学者のためのテキストの新刊も盛んであった。六法全書が例年より多く陳列されていたような気がする。

 ベストセラーズ

1　J・K・ローリング　松岡佑子訳『ハリー・ポッターと不死鳥の騎士

Ⅰ 記　録

　　　団　上・下』静山社
2　片山恭一『世界の中心で，愛をさけぶ』小学館
3　養老孟司『バカの壁』新潮社
4　A・ロビラ／F・T・ベス　田内志文訳『グッドラック』ポプラ社
5　綿矢りさ『蹴りたい背中』河出書房新社
6　村上龍『13歳のハローワーク』幻冬舎
7　川島隆太『川島隆太教授の脳を鍛える大人の音読ドリル＆計算ドリル』くもん出版
8　上大岡トメ『キッパリ！　たった5分間で自分を変える方法』幻冬舎
9　市川拓司『いま，会いにゆきます』小学館
10　池田大作『新・人間革命　12・13』聖教新聞社

 文学・文化賞

芥川賞
　　第131回　モブ・ノリオ『介護入門』
　　第132回　阿部和重『グランド・フィナーレ』
直木賞
　　第131回　奥田英朗『空中ブランコ』／熊谷達也『邂逅の森』
　　第132回　角田光代『対岸の彼女』
毎日出版文化賞第58回
　　阿部和重『シンセミア　上・下』朝日新聞社／奥野正男『神々の汚れた手』梓書院／ガブリエル・ウォーカー　度会圭子訳『スノーボール・アース』早川書房／企画部門賞　講談社文芸文庫出版部『講談社文芸文庫』の一連の出版企画に対して
新風賞　第39回
　　アレックス・ロビラ，フェルナンデス・トリアス・デ・ベス『グッドラック』ポプラ社

本屋大賞　第1回
　　小川洋子『博士の愛した数式』新潮社
梓会出版文化賞　第20回
　　新曜社／特別賞　凱風社／影書房
新聞社学芸文化賞
　　現代書館／東京堂出版
第20回記念特別賞
　　京都大学学術出版会／工作舎／青土社

出版統計

	書　籍	雑　誌	計
点　　数	77,031	4,549	
平均定価（円）	1,184	446	
発行部数（万部）	137,891	440,624	578,515
実売部数（万部）	86,457	296,980	383,437
返 品 率	37.3	32.6	
実売金額（万円）	102,365,866	132,453,337	234,819,203

平成17（2005）年

🔍 業界10大ニュース

1　再びマイナス成長，書籍・雑誌ともに前年割れ
2　戦後60年，靖国問題，歴史教科書に新たな動き
3　文字・活字文化振興法の成立，読書推進を支援
4　ブックハウス神保町のオープン，再販制の弾力運用に関連して

I 記録

```
5   トーハン桶川 SCM センターの稼働,「出版流通改革」を宣言
6   個人情報保護法施行, 関連書続出
7   日書連会長交代, ポイントサービス問題の論議続く
8   ブログ本相次ぐ, ベストセラーも
9   多様化する地図本, 避難マップも
10  『星の王子さま』, 著作権が切れ, 新訳ラッシュ
```

　トーハンは投資額300億円で，桶川 SCM（サプライチェーンマネージメント）センターを起ち上げた。敷地面積1万9,000坪，建築延床面積2万3,100坪で業界最大の規模である。6階建作業場と4階建事務管理棟で，流通商品約80万点，800万冊を在庫し供給する。

　同センターは「SCM 流通センター」と「出版 QR センター」から構成されている。「SCM 流通センター」は，(1)書籍と雑誌の送品と返品を自動的に検品できるシステムを持ち，(2)出版社の物流業務の協働化，協業化が図られている。したがって返品の改装・保管・出荷を共同化することが出来る。「出版 QR センター」は書店と出版社をネットワークで結び，データの共有化，オープン化を図るものである。

　80万点の書籍がいつどこに送品され，いつどこの書店で何冊売れたか，返品されたか等が時系列で銘柄，書店，地域別等で分析され，このデータを出版社，トーハン，書店が利用できる。出版生産から販売消費までを一元管理するシステムである。SCM によって業界全体がよくなるか注目に値するトーハンのスタートであった。

　4年前の平成13年3月に公正取引委員会が再販制について「再販制は当面存置」を発表した。業界にとっては23年間，再販制廃止かという危機感を持ち続けていた気持ちがホッとしたことも事実である。しかし再販制の弾力的運用については公取委から強く求められている。

　この年に2つの動きがあった。1つは「ブックハウス神保町」のオープンである。弾力運用の一環として「謝恩価格本ネット販売フェア」を常設する実

店舗の誕生である。同店の運用は一ツ橋グループの昭和図書が担っている。

もう1つの動きは三省堂書店がポイントサービスの実施をはじめたことである。日書連としての運用とは別である。この後，紀伊國屋書店，八重洲ブックセンター等大型書店も導入した。業界内にポイントサービスの解釈，認識の温度差が浮き彫りに出た。

ミリオンセラーは5点。そのうち，『頭がいい人，悪い人の話し方』（PHP研究所），『さおだけ屋はなぜ潰れないのか？』（光文社）の2点は教養新書であった。教養新書はこのほかにも『下流社会』（光文社），『バカの壁』（新潮社），『靖国問題』（筑摩書房）とベストセラーが誕生し，店頭を賑わした。

ちょっと横道にそれるが，『さおだけ屋はなぜ潰れないのか？』の書名は編集者が考えたものである。著者が用意した書名は「入門会計学」であった。筆者も商売柄，書名には関心が強い。昔の書名は体言書名が多い。今のビジネス書のほとんどが用言書名である。書名を長ったらしく（用言書名）した出版社は草思社といわれる。売れる本を多く作った出版社でもある。

この年は，教養新書以外でも『ワルの知恵本』『野ブタをプロデュース』（ともに河出書房新社），『生協の白石さん』（講談社）など，価格が1,000円以下の安価な本がよく売れた。そのため，販売冊数に比べ，実売金額が伸びない現象が見られた。『ハリー・ポッター』シリーズの高額図書に比べ，新書は廉価であった。しかし，商売の基本は客数である。廉価であっても書店店頭に読者を呼ぶ本は有難い。

子どもの本は「ハリ・ポタ」現象で新刊点数が大幅に増加した。高価な児童書と，安い子どもの本の二極化が見られるようになった。絵本の世界でも定価づけは二極化している。

ベストセラーズ

1　樋口裕一『頭がいい人，悪い人の話し方』PHP研究所
2　主婦の友社編『香峯子抄』主婦の友社
3　山田真哉『さおだけ屋はなぜ潰れないのか？』光文社

Ⅰ 記　録

- 4　池田大作『新・人間革命　14』聖教新聞社
- 5　岡村久道・鈴木正朝『これだけは知っておきたい個人情報保護』日本経済新聞社
- 6　Yoshi『「もっと，生きたい…」』スターツ出版
- 7　中野独人『電車男』新潮社
- 8　大川隆法『神秘の法』幸福の科学出版
- 9　北原保雄編『問題な日本語』大修館書店
- 10　門昌央と人生の達人研究会編『ワルな知恵本』河出書房新社

 文学・文化賞

芥川賞
　　第133回　中村文則『土の中の子供』
　　第134回　絲山秋子『沖で待つ』
直木賞
　　第133回　朱川湊人『花まんま』
　　第134回　東野圭吾『容疑者Ｘの献身』
毎日出版文化賞　第59回
　　村上龍『半島を出よ　上・下』幻冬舎／松本健一『若き北一輝』岩波書店／中西準子『環境リスク学』日本評論社／形の科学会編『形の科学百科事典』朝倉書店／特別賞　佐藤優『国家の罠』新潮社
新風賞　第40回
　　山田真哉『さおだけ屋はなぜ潰れないのか？』光文社
本屋大賞　第2回
　　恩田陸『夜のピクニック』新潮社
梓会出版文化賞　第21回
　　御茶の水書房／特別賞　ナカニシヤ出版／保育社
新聞社学芸文化賞　第2回

現代思潮新社

出版統計

	書　籍	雑　誌	計
点　　数	78,304	4,581	
平均定価（円）	1,161	460	
発行部数（万部）	140,649	428,917	569,566
実売部数（万部）	85,092	283,514	368,606
返 品 率（％）	39.5	33.9	
実売金額（万円）	98,792,561	130,416,503	229,209,064

平成18（2006）年

業界10大ニュース

1　日書連「全国小売書店経営実態調査報告書」をまとめる
2　著作物の保護期間の延長をめぐって議論はじまる
3　新書ブーム，相次ぎ参入，文庫創刊も
4　JPIC新理事長に肥田美代子就任，文字・活字文化推進機構設立準備会発足
5　小泉政権から安倍政権へ，教育基本法・憲法関連書続出
6　閲覧問題を契機に図書館の自由論活発
7　格差社会を反映した類書相次ぐ
8　「する本」ブーム。ぬり絵，えんぴつ，脳トレ，パズル，数独
9　『ダ・ヴィンチ・コード』1,000万部突破，関連書も
10　グーグル，ウェブ関連書が続出

Ⅰ　記　録

　自費出版ブームである。出版社別新刊書籍発行点数（9点以上）によると，上位20社は，⑴新風舎2,788点，⑵講談社2,013点，⑶文芸社1,468点，⑷角川書店1,138点，⑸学研1,106点，⑹小学館937点，⑺集英社849点，⑻PHP研究所795点，⑼ハーレクイン624点，⑽新潮社615点，⑾岩波書店572点，⑿成美堂出版565点，⒀文藝春秋530点，⒁ポプラ社482点，⒂河出書房新社462点，⒃徳間書店452点，⒄エンターブレイン451点，⒅光文社442点，⒆宝島社442点，⒇中央経済社410点。

　自費出版の新風舎が講談社の発行点数を抜いて業界トップになった。その差775点は大きい。第3位も自費出版の文芸社である。もう一社，碧天舎も20位には入っていないが，積極的に活動している。自費出版だけで5,000点を超えている。この年の業界の書籍発行点数は7万7,074点であるから，自費出版のシェアは6.5％に達している。新刊点数は年々増加しているが，自費出版物の増加が一因であることも否めない。この増加する現象を出版評論家の小林一博は改善すべきだと指摘している。

　新風舎の松崎義行社長は「日本一の出版社になってみせる」と豪語していた。それは売上げではなく，発行点数だったのである。しかし，社長の夢はこの年，実現した。平成17年は2位であった。新風舎はこの時点で社員数は360人である。しかし翌年から経営が悪化し，平成22年に負債額2億6,000万円で倒産した。

　筆者は平成19年に新風舎本社（港区・青山）を訪問，1階にある直営書店「熱風書房」を見学させてもらった。そこで判ったことが3つあった。その1つは出版物の42％は3折以下であった。つまり48頁より薄い本が半分近いことである。本の種類では絵本が多いと感じた。第2は出版目録の著者数である。目録は3.5cmの厚いものであった。五十音順の著者を数えてみると，9,100人が掲載されていた。創業から5年経過していない出版社がこれだけの著者を持つことは驚異だと思った。第3は著者の45％は2冊以上を出版していた。実際に出版されたかどうかはわからないが，目録には書名が掲載されていた。全出版物にいえることは，薄い本が多いこと，絵本が多いこと，文庫サイズが多いこ

とであった。

　ミリオンセラーは『国家の品格』『ハリー・ポッターと謎のプリンス』『東京タワー』(扶桑社)と，発売1年で120万部に達した『病気にならない生き方』(サンマーク出版)を加えた4点であった。

　この年の特色に学習参考書の売上げ上昇と，絵本の刊行点数の急増がある。学習参考書は教科書改訂が行われたことが要因の1つである。これによって学習参考書の新刊点数が急増した。もう1つの要因は中高一貫教育の強まりである。特に都市部(東京都，神奈川県，大阪府)においては中学受験が盛んである。学校別に編集された私立中学校案内，問題集は受験者にとっては必須本であった。専門の出版社，このジャンルに力をいれる書店には多くの母親が集まったのである。私立小学校問題集が静かなブームを呼んでいる。

　もう1つ伸びたジャンルがある。それは絵本である。この遠因は自費出版ブームがある。自費出版の著者たちが最初に著作にとりつくのは自伝，エッセイ，子どもの本である。自費出版のデータ(新風舎のデータ)によれば，1冊目を刊行した著者の40％は2冊目も刊行している。その半分が子どもの本，絵本である。

 ベストセラーズ

1　藤原正彦『国家の品格』新潮社
2　J・K・ローリング　松岡佑子訳『ハリー・ポッターと謎のプリンス　上・下』静山社
3　リリー・フランキー『東京タワー　オカンとボクと，時々，オトン』扶桑社
4　大迫閑歩著・伊藤洋監修『えんぴつで奥の細道』ポプラ社
5　新谷弘実『病気にならない生き方』サンマーク出版
6　竹内一郎『人は見た目が9割』新潮社
7　池田大作『新・人間革命　15・16』聖教新聞社
8　明橋大二『子育てハッピーアドバイス　1～3』1万年堂出版

Ⅰ　記　録

9　野口嘉則『鏡の法則』総合法令出版
10　劇団ひとり『陰日向に咲く』幻冬舎

 文学・文化賞

芥川賞
　第135回　伊藤たかみ『八月の路上に捨てる』
　第136回　青山七恵『ひとり日和』
直木賞
　第135回　三浦しをん『まほろ駅前多田便利軒』／森絵都『風に舞いあがるビニールシート』
　第136回　該当作なし
毎日出版文化賞　第60回
　ポール・クローデル　渡辺守章訳『繻子の靴　上・下』岩波書店／中田整一『満州国皇帝の秘録』幻戯書房／高橋憲一『ガリレオの迷宮』共立出版／益田勝実『益田勝実の仕事　全5巻』筑摩書房／特別賞　半藤一利『昭和史　戦前編・戦後編』平凡社
新風賞　第41回
　塩野七生『ローマ人の物語　全15巻』新潮社
本屋大賞　第3回
　リリー・フランキー『東京タワー　オカンとボクと，時々，オトン』扶桑社
梓会出版文化賞　第22回
　北海道出版企画センター／特別賞　編集工房ノア／医学書院
新聞社学芸文化賞　第3回
　八木書店出版部

出版統計

	書籍	雑誌	計
点　　数	77,074	4,540	
平均定価（円）	1,143	465	
発行部数（万部）	143,603	411,503	555,106
実売部数（万部）	88,315	269,534	357,849
返 品 率（％）	38.5	34.5	
実売金額（万円）	100,945,011	125,333,526	226,278,537

平成19（2007）年

 業界10大ニュース

1. 文字・活字文化推進機構の設立
2. 『僕はパパを殺すことに決めた』刊行で強制捜査，危ぶまれる表現の自由
3. 沖縄農民の声が「集団自決」検定意見を撤回
4. 自費出版ブームのなかで，商法をめぐって提訴も
5. 雑協・書協創立50周年，『年史』と『デジタル版出版百年史』を刊行
6. ベストセラーにケータイ小説，『女性の品格』200万部突破
7. 憲法と表現の自由を考える出版人懇談会の発足
8. ウェブ貸し出し，共同保存など，図書館をめぐって新たな動き
9. 春，秋に女性週刊誌創刊相次ぐ，『ダカーポ』休刊へ
10. 「検定本」ラッシュ，マニアックな分野にも

　平成12年に日本に上陸したアマゾンはいよいよ本領を発揮してきたようである。読者の読書離れというより，書店離れといった方がよい。本の買い方の変

Ⅰ　記　録

質もある。リアル書店には営業時間があるが，ウェブ書店は24時間営業である。そしてわざわざ書店に足を運ばなくても，自宅や勤務先の机上のパソコンから注文できる。しかも在庫の確認もできるので，品切れの心配もない。注文に関して安心材料ばかりである。着荷についても無料配達，代金決済はウェブ上で完了している。これだけ便利な購買条件が揃っていたら利用者が増加するのは当然である。

　こうした隙間産業を可能にした原因は読書要因の根本的崩壊，変質にあった。すなわち読書行為が成立する要因は従来は3つあった。まず，(1)本が読めること：リーダビリティ。第一の関門である。日本人ならば日本語が一番読みやすい。例えばイタリア語の本ならば読めなければ買わない。子どもには難しい本は与えない。(2)アクセスビリティ：近づけること，近くにあること。欲しい本が東京，大阪等日本国内の大都市圏になく，遠隔地にあれば注文で取り寄せられる。近くにあることが絶対条件であった。(3)インタレスト。興味がなければ本を買う気にはならない。絶対条件である。上記3条件が揃って読書行為は成立していた。しかし第2のアクセスビリティはネットによってまったく失われてしまった。世界中の本がウェブ上で買えるのである。書店への距離感，本のある場所への距離感はネットによってなくなってしまった。アマゾンはまさにその先兵だったのである。

　この年は文庫の動きが顕著であった。新書創刊同様，安価路線である。小学館の「ガガガ文庫」「ルルル文庫」を，アスキー・メディアワークスが「魔法のiらんど文庫」を発刊している。既刊文庫の集英社文庫と幻冬舎文庫は周年記念の新刊活動を行っている。

　文庫の新刊点数は平成14年から平成21年までは加速度的に増加していた。平成14年は6,155点，平成19年は7,320点，平成21年は8,143点と増えている。

　文庫には既得権的な販売マーケットがある。定期発売であること，陳列場所の確保が保証されていることは業界内でも珍しいことである。例えば「夏の文庫まつり」である。新潮文庫，角川文庫，集英社文庫に限られたものであるが，参加書店の多さ，継続性はこの「まつり」の特色である。

文庫，すなわち若者文化は否定されて久しい。ツタヤグループがCCC（カルチュア・コンビニエンス・クラブ株式会社）会員制の店舗の販売データを公開したことがある。それによればメインターゲット，一番文庫を買った性別は女性で，年代は40歳台であった。角川文庫はすぐに対応，文庫の表紙絵，レイアウトを変更した。学生向きのデザインではなく，中年女性志向のデザインにした。この早い決断は評価された。誰が買っているのか，つまり出版マーケットの把握は効率販売につながり，返品減になる。文庫は雑誌，コミック，実用書，児童書と並ぶ書店の売上げの支柱である。時代対応文庫を書店人は発見してゆくべきであろう。

読書推進運動を実施している出版界の各団体と新聞界，産業界など他業種を横断する，読書推進の新たな団体が「財団法人文字・活字文化推進機構」として平成19年10月24日に設立された。

機構は「創造的な国づくり——言語力で日本の未来を拓く」として「子どもの読書活動推進法」に基づく活動で，学校における教育，地域における教育，新聞に親しむ子どもを育むことなどに努めるとしている。

「文字・活字文化振興法」に基づく活動は，企業・職場における言語の向上，政・官・民共同のシンポジュームの開催，「言語力検定・研修」の実施，公共図書館・ビジネス図書館の拡充，新聞に親しむ生活づくり，地域社会の活字文化振興，「2010年国民読書年」の国会決議に向けての運動などを活動計画としてあげている。機構の役員は会長福原義春（資生堂名誉会長），副会長阿刀田高（作家，日本ペンクラブ会長），理事長肥田美代子（童話作家，出版文化産業振興財団理事長），副理事長北村正任（毎日新聞社代表取締役，日本新聞協会会長），小峰紀雄（小峰書店代表取締役社長，日本書籍出版協会理事長）らが就任した。

 ベストセラーズ

1　坂東眞理子『女性の品格』PHP研究所
2　田村裕『ホームレス中学生』ワニブックス
3　渡辺淳一『鈍感力』集英社

Ⅰ　記　録

```
  4   飯倉晴武編著『日本人のしきたり』青春出版社
  5   池田大作『新・人間革命　17』聖教新聞社
  6   関暁夫『ハローバイバイ・関暁夫の都市伝説』竹書房
  7   美嘉『恋空　上・下』スターツ出版
  8   藤原正彦『国家の品格』新潮社
  9   メイ『赤い糸　上・下』ゴマブックス
 10   美嘉『君空』スターツ出版
```

 文学・文化賞

芥川賞
　　第137回　諏訪哲史『アサッテの人』
　　第138回　川上未映子『乳と卵』
直木賞
　　第137回　松井今朝子『吉原手引草』
　　第138回　桜庭一樹『私の男』
毎日出版文化賞　第61回
　　吉田修一『悪人』朝日新聞社／大澤真幸『ナショナリズムの由来』講談社／松本孝典『地球システムの崩壊』新潮社／鶴見祐輔　一海知義校丁『決定版　正伝後藤新平　全8巻・別巻』藤原書店／特別賞　ドストエフスキー『カラマーゾフの兄弟　全5巻』光文社
新風賞　第42回
　　坂東眞理子『女性の品格』PHP研究所
本屋大賞　第4回
　　佐藤多佳子『一瞬の風になれ』講談社
梓会出版文化賞　第23回
　　二玄社／特別賞　教文館／地人書館
新聞社学芸文化賞　第4回

リトル・モア

出版統計

	書　籍	雑　誌	計
点　　数	76,978	4,511	
平均定価（円）	1,107	469	
発行部数（万部）	147,480	403,266	550,746
実売部数（万部）	88,045	260,913	348,958
返 品 率（％）	40.3	35.3	
実売金額（万円）	100,945,011	125,333,526	226,278,537

平成20（2008）年

 業界10大ニュース

1　雑誌不況で休刊相次ぐ，看板・有力雑誌も
2　裁判員制度を前に報道規制，啓蒙本を主に関連書相次ぐ
3　新風舎，草思社の倒産，文芸社が吸収
4　小学館『家庭医学大事典』責任販売制で，出版流通に新たな試み
5　国立国会図書館が創立60周年，関連行事も多彩に
6　取次会社，書店……出版業界にも業務提携の波
7　『蟹工船』ブーム，今年の流行語にも
8　「源氏物語千年紀」で，多彩な現代語訳をはじめ関連書続出
9　「僕パパ問題」で報告書・見解発表，著者は反論
10　「国民読書年」（2010年）が閣議決定，「朝読」は20周年に

この年の話題は２つであろう。１つは自費出版の再編であり，もう１つは出

Ⅰ 記録

版業界の再編ではないだろうか。

　年初に発表された新風舎の倒産は自費出版ブームにパンチを与えるものだった。講談社を抜き，日本一の発行点数の出版社に君臨した会社が，著者や流通から不信感をつきつけられ倒産した。これを救った出版社が自費出版No.2であった文芸社である。同業の不信感の拡大を防ぐ一面もあった。また，同社は草思社も援助し，版元再編を図った。

　草思社といえば，多くのベストセラーを生み，堅実でユニークな出版社として注目されていた。特に長いタイトル，用言タイトルは持ち味であった。文芸社自身が企画・編集した血液型の本で一大旋風を起こし，ベストセラー化したことは快挙であった。自費出版社のイメージを拡大させ，他の出版社を刺激したことは貢献に値した。

　業界内の業務提携が盛んであった。取次では大阪屋と栗田出版販売が業務提携を発表し，秋には日販と日教販が業務提携を結んだ。取次各社が持つ経営資源の相互活用により，優れたサービスと業務の効率化が可能になる。

　出版社の業務提携や吸収・合併が顕著になった。例えば文芸社が草思社を，中経出版が新人物往来社を，日経BPが日経ホームを，メディアワークスがアスキーを，などである。

　書店業界では生き残り策として書店間の仕入・販売の協業化を図ろうとした。近県書店ということではなく，オール日本であり，また取次を超越していることは新感覚の業態である。フタバ図書（広島市），勝木書店（福井市），平安堂（長野市），田村書店（大阪市）によって自由価格本の協業会社ブックス・ビヨンド・アライアンスが設立された。書店がバーゲンブックを積極的に販売する新しいビジネスである。

　10年以上つづく出版不況をどう克服するのか課題は多い。なかでも雑誌の不振が大きく，出版不況は「雑誌不況」といってよい。経済不況が深刻になるなかで広告収入も見込めず実売部数も減少し，老舗雑誌の休刊が話題になった。

　講談社の『月刊現代』は昭和41年創刊した。多くのノンフィクション作品を

送り，書き手を育て，30万部を誇るときもあった。平成21年1月号終刊時は8万数千部に減少していた。

　朝日新聞社のオピニオン誌『論座』は昭和30年に『RONZA』として創刊された。若い学者や文化人を積極的に起用した。憲法をめぐる読売新聞主筆の渡邉恒雄と同社論説主幹若宮啓文との「渡邉×若宮対談」は話題になり，この号は完売になった。右派系雑誌が目立つなか，この2誌の休刊は惜しい。『主婦の友』は文字通り，主婦の友社の看板雑誌であった。かつて4大婦人雑誌時代があったが，『婦人倶楽部』『婦人生活』は80年代に休刊，『主婦と生活』が休刊した平成5年に同誌も休刊を考え，生活情報誌に特化してリニューアルを図ったが，ここ数年は5～8万部と低迷し，創刊以来91年の幕を閉じた。『ロードショウ』（集英社），『月刊 PLAYBOY 日本版』（同）はいずれも誌歴三十数年。後者は創刊号と類似の表紙で終刊を飾った。

　その他『週刊ヤングサンデー』『ラピタ』（いずれも小学館），『Style』『KING』（いずれも講談社），『BOAO』（マガジンハウス），『GRACE』（世界文化社）がある。

 ベストセラーズ

1　J・K・ローリング　松岡佑子訳『ハリー・ポッターと死の秘宝』静山社
2　水野敬也『夢をかなえるゾウ』飛鳥新社
3　Jamais Jamais『B型自分の説明書』文芸社
4　Jamais Jamais『O型自分の説明書』文芸社
5　Jamais Jamais『A型自分の説明書』文芸社
6　田村裕『ホームレス中学生』ワニブックス
7　坂東眞理子『女性の品格』PHP研究所
8　坂東眞理子『親の品格』PHP研究所
9　Jamais Jamais『AB型自分の説明書』文芸社
10　茂木健一郎『脳を活かす勉強法』PHP研究所

Ⅰ 記録

文学・文化賞

芥川賞
　第139回　楊逸『時が滲む朝』
　第140回　津村記久子『ポトスライムの舟』

直木賞
　第139回　井上荒野『切羽(きりは)』
　第140回　天童荒太『悼む人』／山本兼一『利休にたずねよ』

毎日出版文化賞　第62回
　橋本治『双調　平家物語　全15巻』中央公論社・中央公論新社／東野治之『遣唐使』岩波書店／福嶌義宏『黄河断流』昭和堂／植木雅俊訳『梵漢和対照・現代語訳法華経　上・下』岩波書店／「哲学の歴史」編集員会編『哲学の歴史　全12巻 別巻1』中央公論新社

新風賞　第43回
　東野圭吾『流星の絆』講談社

本屋大賞　第5回
　伊坂幸太郎『ゴールデンスランバー』新潮社

梓会出版文化賞　第24回
　小峰書店／特別賞　コモンズ／桂書房

新聞社学芸文化賞　第5回
　弘文堂

出版統計

	書　籍	雑　誌	計
点　　数	78,013	4,353	
平均定価（円）	1,098	478	
発行部数（万部）	147,038	385,284	532,322
実売部数（万部）	86,899	245,425	332,324

返品率（％）	40.9	36.3	
実売金額（万円）	95,415,605	117,313,584	212,729,189

平成21（2009）年

 業界10大ニュース

1　『IQ84』224万部，発売前の予約でベストセラーに
2　出版業界の再編加速，大日本印刷の主導で
3　グーグル検索和解問題で論議，日本は対象外に
4　アマゾン・ジャパンの市場拡大顕著に
5　『週刊新潮』誤報問題，問われるジャーナリズムのあり方
6　休刊誌相次ぐ，老舗・看板雑誌も
7　責任販売制で多様な展開，35ブックスの新たな試み
8　JPIC 読書調査，子どもゆめ基金の廃止で反対集会
9　民主党が政権に，政権交代本，鳩山・小沢本も
10　太宰，清張生誕100年，関連書をはじめ多彩な企画も

　昨年につづいて業界再編は進んでいる。それは上場企業・大日本印刷の登場である。編集物を製品化してくれる印刷最大手企業である。大日本印刷の提携先は丸善，ジュンク堂書店，図書館流通センター，ブックオフ，文教堂，主婦の友社等である。最も注目されたことはブックオフを傘下にしたことである。ブックオフは大日本印刷をはじめ講談社，小学館，集英社に株の取得を要請し，協力を願い，実現させた。元来書店と競合するブックオフ株をなぜ大手3社版元が取得したのかを問う，ショッキングな事件であった。ブックオフはその後名古屋で新刊書店を出店，書店業界に参入する展開をみせている。
　この年の話題は村上春樹の『IQ84』が大ベストセラーになったことである。

I 記 録

ノーベル賞候補としても，ハルキストとしても彼の人気は絶大である。これは厳しい出版環境のなかで明るい話題であった。出版元は新潮社であるが，他の出版社も村上作品を増刷し，売行きは好調である。講談社の『ノルウェイの森』をはじめ，中央公論新社の『チェーホフ全集』の「サハリン島」，岩波文庫の『サハリン島』等も好調である。村上効果は音楽や芸術界にも波及した。作中に登場するヤナーチェクの曲『シンフォニエッタ』は小説発売前から売れ始めていた。

アマゾン・ジャパンの目ざましい成長や動向が注目されている。アマゾン・ジャパンの全売上は2,500億円で，そのうち書籍雑誌の売上が約1,200億円，和書売上が約1,000億円という。アマゾンが日本で事業を開始してから9年になるがその伸びは目を見張るものがある。アマゾンのシステムについては2019年になってから倉庫見学会を開いている。売上額でみると紀伊國屋書店に匹敵する。インターネット書店だからいつでも受注し，早いものは翌日配達が可能である。送料も購入額1,500円以上は無料配送である。読者にとっては宅配は便利であるから利用者は急増している。出版社サイドでは，アマゾンの売上げが取次ルートより多い（中小の専門書出版社）ところもある。

最近問題が出てきた。それは2018年10月から早稲田大学と提携して値引き販売を開始したからである。アマゾンサイトでの和書購入に際して早稲田カード会員8％，その他の校友3％の値引きをした。出版流通対策協議会が質問書を送付したが回答はない。

値引き販売は法的には許されない。全国的に拡大すると一般書店にも影響が出てくることは必至である。再販制の崩壊にもつながる。猛省を促したい。

この年も昨年につづき休刊が相次いだ。こうした現象を「休高創低」という人もいるくらいで，この現象は止まらない。

個性的な雑誌の休刊も目立った。『広告批評』『スタジオ・ボイス』『フォーブス日本版』，そして地域雑誌の象徴ともいわれた『谷中・根津・千駄木』等である。保守系オピニオン誌『諸君！』（文藝春秋）も6月号で休刊した。

また，少子化の影響もあって，学習雑誌の苦戦は伝えられていたが，小学館，

学研の看板雑誌の休刊が発表された。小学館は10月26日に,『小学五年生』と『小学六年生』の休刊を発表した。両誌は小学館が創業した大正11年に創刊されたもので,87年の歴史があった。

日本における学年雑誌の先駆けで,『オバケのQ太郎』『ドラえもん』などの人気まんがも掲載され,両誌合わせて100万部を超えたが,当時は5〜6万部と低迷していた。

学研ホールディングスも12月3日,小学生向けに学年別で刊行してきた『学習』と『科学』の休刊を発表した。『学習』は学研創業の年,昭和21年創刊である。70年代後半には両誌合わせて670万部を記録したが,この頃には10分の1まで落込んでいた。なお,両誌は学校直販雑誌であった。直販の学研といわれた代表選手であった。

ベストセラーズ

1. 村上春樹『IQ84 1・2』新潮社
2. 出口宗和『読めそうで読めない間違いやすい漢字』二見書房
3. 池田大作『新・人間革命 20』聖教新聞社
4. 『私服だらけの中居正広』扶桑社
5. 湊かなえ『告白』双葉社
6. M・シャイモフ 茂木健一郎訳『脳にいいことだけをやりなさい!』三笠書房
7. 齋藤真嗣『体温を上げると健康になる!』サンマーク出版
8. 『CNN English Express』編集部『対訳 オバマ演説集』朝日出版社
9. 香山リカ『しがみつかない生き方』幻冬舎
10. 野中広務『差別と日本人』角川書店

Ⅰ　記録

 文学・文化賞

芥川賞
　　第141回　磯崎憲一郎『終の住処』
　　第142回　該当作なし
直木賞
　　第141回　北村薫『鷺と雪』
　　第142回　白石一文『ほかならぬ人へ』／佐々木譲『廃墟に乞う』
毎日出版文化賞　第63回
　　村上春樹『1Q84　全2巻』新潮社／田中純『政治の美学』東京大学出版会／藤井直敬『つながる脳』NTT出版／穎原退蔵　尾形仂編『江戸時代語辞典』角川学芸書店／特別賞　山崎豊子『運命の人　第4巻』文藝春秋
新風賞　第44回
　　村上春樹『1Q84』新潮社
本屋大賞　第6回
　　湊かなえ『告白』双葉社
梓会出版文化賞　第25回
　　合同出版／特別賞　筑波書房／七つ森書館
新聞社学芸文化賞　第6回
　　こぐま社

出版統計

	書　籍	雑　誌	計
点　　数	78,501	4,215	
平均定価（円）	1,090	495	
発行部数（万部）	142,333	356,351	498,684
実売部数（万部）	83,834	227,708	311,542

返品率（％）	41.1	36.1	
実売金額（万円）	91,379,209	112,715,603	204,094,812

平成22（2010）年

 業界10大ニュース

1　国民読書年，各地で多彩な行事
2　電子書籍元年を背景に，さまざまな展開が
3　『1Q84』BOOK1・2もミリオンセラーに，続編も刊行か
4　青少年条例の改定案をめぐり活発な論議が
5　流出「公安テロ情報」本の刊行が問題に
6　雑誌の付録がアピール，宝島社に話題集中
7　『もしドラ』がミリオンセラーに，ドラッカーブーム再燃
8　サンデル教授の人気講義録が異例のベストセラーに，ユニークな講義本・授業本も
9　「内田本」「池上本」のブーム続く
10　三島没後40年，関連書相次ぐ

　この年は国民読書年であった。10月23日に上野公園の旧東京音楽学校奏楽堂で国民読書年記念式典が行われ，「国民読書年宣言」を採択した。読書量の底上げ，社会人の言語力向上，学校図書館の充実を期待したい。
　書店店頭が雑誌でも書籍でも賑わった。雑誌の賑わいは従来の風景とは違っていた。それはブランド品の付録が雑誌の平台を飾ったのである。宝島社の付録戦略は大成功であった。雑誌『スウィート』は3か月間で320万部が売れるほど人気だった。この販売戦略は他社も刺激し，各社とも付録誌は好調であった。しかし書店の裏方は付録組立，陳列で苦労したことを付記しておきたい。

I　記　録

　書籍の賑わいは昨年につづいてのハルキブームである。『IQ84』の BOOK3 は２週間足らずで100万部の勢いであった。購入者の30％が20代若者であることも心強い。

　ダイヤモンド社がドラッカー生誕100周年事業の一環として発売した『もし高校野球の女子マネージャーがドラッカーの『マネジメント』を読んだら』（岩崎夏海）がミリオンセラー（181万部）になった。読者も20〜30代のビジネス関係者だけでなく，9歳から90歳まで幅広く読まれたことも頼もしいことである。

　池上彰，内田樹の本も売れている。２人の共通点はテレビ出演が多いこと，独自の語り口であること，主張があることである。この年も多くの著書を出した人は茂木健一郎（35点），和田秀樹（28点），勝間和代（24点），池上彰（19点），佐藤優（19点），内田樹（14点）である。

　東京書店商業組合が「首都圏書店大商談会」を実施した。出展社80社，商談成立件数1,815件，成立金額4,003万円，来場書店196店，259人であった。この商談会がその後の書店市会を生む母体となった。

　平成22年は電子書籍元年と呼ばれる年に相応しく，各種の動きが見られた。時系列で動きを見てみよう。１月にアマゾンが著者印税率70％を提示した。２月には日本文芸家協会が電子書籍時代の出版契約のあり方について出版社側に見直しを要請した。また，「日本電子書籍出版社協会」が設立された。３月には経済産業省，総務省，文部科学省の３省による「デジタルネットワーク社会における出版物の利活用の推進に関する懇談会」（三省デジ懇）が開かれ，６月に報告書がまとまった。４月には電子書籍化サービス「BOOKSCAN」を展開。５月に日本で iPad 発売。６月に「電子書籍を考える出版社の会」設立。７月に「デジタル教科書教材協議会」「電子出版製作・流通協議会」設立。８月には電子書籍サービス「ビューン」のプレ配信。９月は電子雑誌著作権で指針案合意。11月には村上龍が電子書籍会社 G2010 設立。12月には KADOKAWA G 電子書籍配信サービス「BOOK☆WALKER」が開始した。

　インプレス R&D の調べによれば平成21年（2010年３月期）の電子書籍の市

場規模は574億円で，前年に比べ23.7％伸びた。ケータイコミックが大半を占めるが，長期低落の紙媒体にあって，いよいよ電子書籍の売上げを加えた見方をしなくてはならなくなってきた。

 ベストセラーズ

1　岩崎夏海『もし高校野球の女子マネージャーがドラッカーの『マネジメント』を読んだら』ダイヤモンド社
2　村上春樹『IQ84　BOOK3』新潮社
3　池上彰『伝える力』PHP研究所
4　池田大作『新・人間革命　22・23』聖教新聞社
5　大川隆法『創造の法』幸福の科学出版
6　柴田トヨ『くじけないで』飛鳥新社
7　F・W・ニーチェ　白取康彦編訳『超訳　ニーチェの言葉』ディスカヴァー21
8　M・サンデル　奥澤忍訳『これからの「正義」の話をしよう』早川書房
9　P・F・ドラッカー　上田惇生訳『マネジメント　エッセンシャル版』ダイヤモンド社
10　池上彰『知らないと恥をかく世界の大問題』角川書店

 文学・文化賞

芥川賞
　　第143回　赤染晶子『乙女の密告』
　　第144回　朝吹真理子『きことわ』／西村賢太『苦役列車』
直木賞
　　第143回　中島京子『小さいおうち』
　　第144回　木内昇『漂砂のうたう』／道尾秀介『月と蟹』

Ⅰ　記　録

毎日出版文化賞　第64回
　浅田次郎『終わらざる夏　上・下』集英社／曽根英二『限界集落』日本経済新聞出版社／木村敏『精神医学から臨床哲学へ』ミネルヴァ書房／池澤夏樹『世界文学全集　第1期全12巻・第2期全12巻』河出書房新社／特別賞　五木寛之『親鸞　上・下』講談社

新風賞　第45回
　岩崎夏海『もし高校野球の女子マネージャーがドラッカーの「マネジメント」を読んだら』ダイヤモンド社

本屋大賞　第7回
　冲方丁『天地明察』角川書店

梓会出版文化賞　第26回
　紀伊國屋書店出版部／特別賞　せりか書房／西村書店

新聞社学芸文化賞　第7回
　皓星社

出版統計

	書　籍	雑　誌	計
点　数	77,773	4,056	
平均定価（円）	1,079	503	
発行部数（万部）	135,501	336,043	471,544
実売部数（万部）	81,842	217,083	298,925
返品率（％）	39.6	35.4	
実売金額（万円）	88,308,170	191,931,400	280,239,570

平成23（2011）年

業界10大ニュース

1. 東日本大震災出版対策本部の設立
2. 震災関連本相次ぐ，脱原発本も
3. 「タニタ本」430万部に，ミリオンセラー続出
4. 電子書籍・電子雑誌の新たな展開
5. スティーブ・ジョブズ死去で，関連本売れる
6. 『ぴあ』休刊，老舗雑誌休刊相次ぐ
7. 目立つ宗教書，法然，親鸞関連書も
8. 続く教養書復権の流れ，新シリーズも
9. 多摩地域で全国図書館大会，区立日比谷図書文化館開館
10. 東京都青少年条例施行，児童ポルノ「単純所持」禁止は京都でも可決

　3月11日に発生した東日本大震災は未曾有の自然災害であった。津波，原発事故で被災書店は787店，損害額約50億円，全壊・半壊は104店，浸水・水漏れ53店，商品汚損630店に達した。

　震災直後，機動力のある新聞社から現地の惨状を伝える写真集が相次いで出版された。河北新報社刊の写真集『巨大津波が襲った3・11大震災』は売れた。昭和45年に刊行された吉村昭記録小説『三陸海岸大津波』は増刷を重ね，15万部が売れ，印税は被災地に寄付された。書協・雑協・取協・日書連の4団体で「震災出版対策本部」が設立され，岩手・宮城・福島各県の被災地を支援したことは当然である。

　震災・原発関連書が約1,000点発行された。写真集，ノンフィクション，啓発本，研究書等ジャンルは多岐にわたった。被災地県では昨年比3％アップの売上げであり，全国的にもよく売れた。

Ⅰ 記録

　情報誌として人気絶大であった『ぴあ』の休刊は衝撃的であった。ネット時代の情報誌の苦境が露呈したかたちになった。梓会の情報誌『出版ダイジェスト』の休刊もウェブの影響である。

　一方，書籍に関しては明るいニュースが多かった。『体脂肪計タニタの社員食堂』（正・続）（大和書房）は合計430万部売れた。料理のレシピ本であるが，健康ブームを背景にメガヒットした。

　スティーブ・ジョブズが死去した。ジョブズ関連書が多く出版され，『スティーブ・ジョブズ』（講談社）は100万部以上売れた。

　平成22年の電子書籍元年を受け，この年の動向には新たな展開が見られた。村上龍の『限りなく透明に近いブルー』，立花隆の『電子書籍版　立花隆全集』は生原稿の電子化を付加して発表され，講談社の京極夏彦の新作『ルー＝ガルー2』は単行本，ノベルズ，文庫，電子書籍の4形態で刊行された，北方謙三の『水滸伝』（全19巻）の電子化，新潮社の新潮新書の全電子化，「岩波新書」「岩波ジュニア新書」も電子化を発表。書店でも，紀伊國屋書店「BOOKWEB Plus」の開始，三省堂書店と「Book Live！」が提携などである。

　一方，「自炊」ブームで自炊代行業者が多く現れ，断裁済の本を貸出したり，「自炊済」の本をオークション出品するなど，私的複製の範囲を超えた行為が横行したため，作家122人と出版社7社が質問状を送付する事態となった。

　iPad2の発売で，Andoroid版のタブレットやスマートフォンに影響し，端末が充実しつつあるのも平成23年の動向である。電子雑誌では，『週刊朝日』『AERA』『ESSE』『るるぶ』なども配信開始された。

 ベストセラーズ

1　東川篤哉『謎解きはディナーのあとで』小学館
2　長谷部誠『心を整える』幻冬舎
3　岩崎夏海『もし高校野球の女子マネージャーがドラッカーの『マネジメント』を読んだら』ダイヤモンド社
4　近藤麻理恵『人生がときめく片づけの魔法』サンマーク出版

5 齋藤智裕『KAGEROU』ポプラ社
6 大川隆法『救世の法』幸福の科学出版
7 柴田トヨ『くじけないで』飛鳥新社
8 東川篤哉『謎解きはディナーのあとで　2』小学館
9 曽野綾子『老いの才覚』ベストセラーズ
10 池田大作『新・人間革命　23』聖教新聞社

 文学・文化賞

芥川賞
　第145回　該当作なし
　第146回　円城塔『道化師の蝶』／田中慎弥『共喰い』
直木賞
　第145回　池井戸潤『下町ロケット』
　第146回　葉室麟『蜩（ひぐらし）の記』
毎日出版文化賞　第65回
　山城むつみ『ドストエフスキー』講談社／開沼博『「フクシマ」論』青土社／松沢哲郎『想像するちから』岩波書店／戸沢充則監修『シリーズ遺跡を学ぶ』新泉社／特別賞　北方謙三『楊令伝　全15巻』集英社
新風賞　第46回
　長谷部誠『心を整える。勝利をたぐり寄せるための56の習慣』幻冬舎／特別賞　柴田トヨ『百歳』飛鳥新社
本屋大賞　第8回
　東川篤哉『謎解きはディナーのあとで』小学館
梓会出版文化賞　第27回
　創元社／特別賞　亜紀書房／化学同人
新聞社学芸文化賞　第8回
　荒蝦夷

Ⅰ　記　録

出版統計

	書　籍	雑　誌	計
点　　数	78,863	3,949	
平均定価（円）	1,084	510	
発行部数（万部）	131,165	313,036	444,201
実売部数（万部）	81,191	200,343	281,534
返品率（％）	38.1	36.0	
実売金額（万円）	88,011,190	121,749,500	209,760,690

平成24（2012）年

業界10大ニュース

1　出版デジタル機構の発足とコンテンツ緊急電子化事業始まる
2　出版者の権利（著作隣接権）で報告書
3　アマゾン，楽天，グーグルのデジタル企業参入
4　『週刊朝日』橋下市長の連載中止に，第三者機関は「差別を助長」と
5　平成23年に続き大震災関連書続出，事故調査報告書揃う
6　吉本隆明死去，関連書相次ぐ，雑誌の特集も
7　領土問題紛糾，関連書相次ぐ，刺激的なタイトルも
8　ノーベル賞受賞でiPS細胞関連書も
9　武雄市立図書館運営をめぐり論議おこる
10　NPO法人「本の学校」設立

　佐賀県武雄市立図書館と指定管理者のCCCの提携による図書館構想が発表された。

　その内容はTポイントの導入，年中無休，開館時間は午前9時から午後9時，

カフェの導入，蔦屋書店のノウハウの導入等であった。図書館問題研究会，日本図書館協会，武雄市民，日本文藝家協会等から論議が続出した。図書館の指定管理が増加するなかで，そのあり方についての議論が必要であることの事例であった。開館後は珍しさも手伝ってか盛況が報告されていた。

新刊点数が過去最高の8万2,204点となった。ロシア，中国を除けば，英米独に次ぐ出版点数である。新刊点数が増大化するのは，出版社の経済的事情（自転車操業）が背景である。限られた書店店頭の売場に，限りない書籍が送られてくれば，陳列期間を短くするしかとる方法はない。出版社側も点数増は1点あたりの部数を調整する以外方法はないであろう。

この年を境に書籍の返品率は下がりはじめている（平成26年を除く）。平成24年38.2%，25年37.7%，26年38.1%，27年37.7%，28年37.4%，29年37.2%である。これは取次による仕入規制によるところが大きい。

反面，売行き低調な雑誌の返品率は平成22年以降，年々上昇し，8年が経つ。平成25年には遂に書籍の返品率と逆転現象を起こしてしまった。出版史上初めてである。平成29年は書籍37.2%，雑誌43.5%と差がひらいている。

雑誌の年間出版点数は平成23年以降3,000点台に減っている。しかし一攫千金が望めるムック誌の発行点数は多い。この点は反省をせねばならぬことであろう。

「生涯にわたる読書推進」「業界書店人の育成のための研修講座」を内容としたNPO法人「本の学校」がスタートした。「本の学校」は，(1)「生涯読書活動」推進事業，(2)「出版の未来像」創造事業・本の学校出版産業シンポ in 東京「未来の書店モデル」づくり，(3)「出版業界人」育成事業・出版業界人基本教育講座・連続講座「本屋の未来を創造する」・書店人育成のためのカリキュラム作成を推進すること，および(4)「学びの場」拡充事業NPO法人「本の学校」のミッションとして考え創造する市民による地域の自立を育むこと，大学・図書館・書店・文化施設・教育研究機関の協力による「知の地域づくり」と「読書環境整備」の組織を超えたネットワークによる学びの場の拡充を目指すことが主旨である。

Ⅰ　記　録

　11月には「本の学校会報」創刊号を刊行した。2019年3月現在，正会員56人，賛助会員法人49法人，個人会員53人。

　共同幻想，大衆の原像，自立の思想――戦後日本の思想に大きな影響を与えた吉本隆明が3月16日に他界した。87歳であった。在野の思想家として活動は半世紀以上に及んだ。書店はコーナーを設けて追悼した。

　吉本は詩作から出発し，昭和29年に『転位のための十篇』で荒地詩人賞を受賞している。『現代詩手帖』は2回にわたって特集を組んだ。寄稿者の多彩な顔ぶれからも幅広い支持層がわかる。吉本の著書としては『第二の敗戦期』（春秋社），『吉本隆明の下町の愉しみ』（青春出版社），『書　文字　アジア』（石川九楊との共著，筑摩書房），『重層的な非決定』（大和書房）などがある。

　関連書も多い。橋爪大三郎『永遠の吉本隆明』（洋泉社），和田司『吉本隆明「共同幻想論」を解体する』（明石書店），呉智英『「吉本隆明」という「共同幻想」』（筑摩書房），石関善治郎『吉本隆明の帰郷』（思潮社）等である。

 ベストセラーズ

1　阿川佐和子『聞く力』文藝春秋
2　渡辺和子『置かれた場所で咲きなさい』幻冬舎
3　池田大作『新・人間革命　24』聖教新聞社
4　三浦しをん『舟を編む』光文社
5　中村仁一『大往生したけりゃ医療とかかわるな』幻冬舎
6　近藤麻理恵『人生がときめく片づけの魔法』サンマーク出版
7　大川隆法『不滅の法』幸福の科学出版
8　南雲吉則『「空腹」が人を健康にする』サンマーク出版
9　南雲吉則『50歳を超えても30代に見える生き方』講談社
10　落合博満『采配』ダイヤモンド社

文学・文化賞

芥川賞
　　第147回　鹿島田真希『冥土めぐり』
　　第148回　黒田夏子『ab さんご』
直木賞
　　第147回　辻村深月『鍵のない夢を見る』
　　第148回　朝井リョウ『何者』／安部龍太郎『等伯』
毎日出版文化賞　第66回
　　赤坂真理『東京プリズン』河出書房新社／服部英雄『河原ノ者・非人・秀吉』山川出版社／三橋淳『昆虫食文化事典』八坂書房／見田宗介『定本 見田宗介著作集 全10巻』岩波書店／特別賞　加賀乙彦『雲の都 全5巻』新潮社
新風賞　第47回
　　阿川佐和子『聞く力　心をひらく35のヒント』文藝春秋
本屋大賞　第9回
　　三浦しをん『舟を編む』光文社
梓会出版文化賞　第28回
　　吉川弘文館／特別賞　弦書房／社会批評社
新聞社学芸文化賞　第9回
　　新曜社

出版統計

	書　籍	雑　誌	計
点　　数	82,200	3,936	
平均定価（円）	1,080	516	
発行部数（万部）	129,066	301,333	430,399
実売部数（万部）	79,762	188,333	268,125

Ⅰ　記　録

返品率（％）	38.2	37.5	
実売金額（万円）	86,143,811	97,179,893	183,323,704

平成25（2013）年

🔍 業界10大ニュース

1. 特定秘密保護法成立と広がる反対の声
2. 出版者の権利問題，大詰めに
3. 『はだしのゲン』閲覧規制をめぐって論議盛んに
4. 村上春樹の新作長編，発売7日でミリオンセラーに
5. 武雄市図書館開館で，賛否両論
6. ミリオンセラー，ドラマ『半沢直樹』原作本，本屋大賞『海賊とよばれた男』
7. 憲法96条改正発言に危機感，憲法本相次ぐ
8. アベノミクス関連本続出，リスク本も
9. 岩波書店創業100年，多彩な企画を展開
10. 電子図書館をはじめ，電子書籍の多様な取組みはじまる

　電子書籍の多様な取組みがはじまった。この年は普及の段階として具体的な動きがあった。日本出版インフラセンターが電子書籍書誌情報60項目を発表し，情報を統一化した。電子教科書の分野でもデジタル教科書プラットフォームのコンソーシアム「CoNETS」が発足した。

　経済産業省「コンテンツ緊急電子化事業」（緊デジ）は6万4,833点を達成してタイトルが公開され，3月末に終了した。代行出版社として事業を進めていた出版デジタル機構は5月にビットウェイを完全子会社化し，制作から取次まで行う体制になった。

電子書籍の国会図書館への納入が7月から義務化された。KADOKAWA・紀伊國屋書店・講談社の3社による「日本電子図書館サービス」の設立によって電子図書館構想は具体化されてきた。

　電子書籍レーベルの発刊もあり，30分で読み切れる「カドカワ・ミニブック」や「週刊東洋経済eビジネス新書」「EPUB選書」等が挙げられる。コミック誌の電子版として集英社の『ジャンプLIVE』，講談社の『Dモーニング』が配信され，講談社では初版書籍の無料のPDF版も配信した。集英社，小学館はファッション誌を電子版で順次掲載・発売した。文藝春秋は初の電子小説誌『つんどく！』を発刊した。

　出版業界全体として低迷がつづいており，全体の売上額でみると，平成9年から落ち込み額は改善されておらず，売上額はピーク時の3分の2までになり，昭和61年のレベルまでになってしまっている。返品率も当時とくらべると高くなっている。紙の出版が落ち込み，電子出版にシフトすることは，時代の要請であろう。

　多数のミリオンセラーが誕生した。テレビドラマ『半沢直樹』の原作本，池井戸潤『オレたちバブル入行組』は累計132万部，『オレたち花のバブル組』は累計120万部となった（いずれも文藝春秋）。

　同じくミリオンセラーでは百田尚樹の一連の小説が目立った。百田は『ボックス！』（太田出版）以降，本屋大賞上位ノミネートの常連だったが，初めて大賞を受賞した。『永遠の0』（太田出版，講談社文庫）が現在累計350万部，12月には映画も公開された。『モンスター』（幻冬舎）は11月にミリオンセラーに。

　そのほかに，渡辺和子の『置かれた場所で咲きなさい』（幻冬舎）が累計120万部。東野圭吾『プラチナデータ』（幻冬舎）が累計108万部を達成し，3月に映画化された。4月刊行の村上春樹の『色彩を持たない多崎つくると，彼の巡礼の年』（文藝春秋）は105万部に，アマゾンでは発売1週間前に予約が2万冊に達した。近藤誠の『医者に殺されない47の心得』（アスコム）が累計105万部，11月刊行の東野圭吾『疾風ロンド』（実業之日本社）は発売10日でミリオンを達成した。

Ⅰ　記　録

　村上春樹の長編小説『色彩を持たない多崎つくると，彼の巡礼の年』が発売7日で100万部を突破した。発行元の文藝春秋では新聞・ネット等を使って広告宣伝した。この販売戦略が功を奏してか，発売前に4刷・50万部を決定していた。稀有な発売前の広告・販売であった。平成21年4月に刊行された新潮社刊の『IQ84　BOOK1・2』ではタイトル，価格，全2巻という情報だけを公開し，内容は一切伏せた。今回の文藝春秋の場合も発売日まで装丁の画像などは明かされていなかった。

 ベストセラーズ

1　近藤誠『医者に殺されない47の心得』アスコム
2　村上春樹『色彩を持たない多崎つくると，彼の巡礼の年』文藝春秋
3　阿川佐和子『聞く力』文藝春秋
4　百田尚樹『海賊とよばれた男　上・下』講談社
5　池井戸潤『ロスジェネの逆襲』ダイヤモンド社
6　池田大作『新・人間革命　25』聖教新聞社
7　曽野綾子『人間にとって成熟とは何か』幻冬舎
8　話題の達人倶楽部編『できる大人のモノの言い方大全』青春出版社
9　渡辺和子『置かれた場所で咲きなさい』幻冬舎
10　大川隆法『未来の法』幸福の科学出版

 文学・文化賞

芥川賞
　　第149回　藤野可織『爪と目』
　　第150回　小山田浩子『穴』
直木賞
　　第149回　桜木紫乃『ホテルローヤル』
　　第150回　姫野カオルコ『昭和の犬』／朝井まかて『恋歌（れんか）』

毎日出版文化賞　第67回
　天童荒太『歓喜の仔　上・下』幻冬舎／中島琢磨『沖縄返還と日米安保体制』有斐閣／岩波書店自然科学書編集部《岩波科学ライブラリー》岩波書店／トマス・アクィナス　稲垣義典他訳『神学大全　全45巻』創文社／特別賞　林望『謹訳 源氏物語　全10巻』祥伝社／書評賞　辻原登『新版 熱い読書　冷たい読書』筑摩書房

新風賞　第48回
　水野敬也・長沼直樹『人生はワンチャンス！』文響社

本屋大賞　第10回
　百田尚樹『海賊とよばれた男』講談社

梓会出版文化賞　第29回
　童心社／特別賞　赤々舎／深夜叢書社

新聞社学芸文化賞　第10回
　幻戯書房

出版統計

	書　籍	雑　誌	計
点　　数	82,589	3,800	
平均定価（円）	1,072	524	
発行部数（万部）	82,589	288,933	371,522
実売部数（万部）	51,452	177,115	228,567
返 品 率（％）	37.7	38.7	
実売金額（万円）	84,301,459	92,808,747	177,110,206

Ⅰ 記　録

平成26（2014）年

🔍 業界10大ニュース

1　特定秘密保護法施行，集団的自衛権閣議決定
2　著作権改正で，新たに電子出版権が出版社に
3　嫌韓，嫌中本続出，批判本も
4　朝日新聞誤報問題で論議
5　児童ポルノ禁止法成立
6　日本出版者協議会のアマゾンへの出荷停止
7　KADOKAWAとドワンゴの経営統合
8　「学校司書法制化」の実現
9　風評被害で『美味しんぼ』論議に，「問題提起」に賛意も
10　創業100周年記念，各社多彩な企画が相次ぐ

　史上初，雑誌の返品率（39.9％）が書籍の返品率（38.1％）を上回ってしまった。業界の低迷は雑誌売上げの不振によるものといわれていた。その現象に拍車をかけていた作用が返品率であることを真剣に考えねばならない。

　書籍・雑誌の発行点数，返品率の二面から考察してみよう。書籍の発行点数は平成13年に7万1,073点と7万点台になり，増加傾向はつづき，平成23年に7万8,863点となった。そして平成24年8万2,204点，25年8万2,589点，26年8万954点，27年8万48点と8万点台が4年続いた。ピークは平成25年であった。この発行点数は中国，ロシアを除けばイギリス，アメリカ・ドイツに次ぐ発行点数である。書籍の実売金額の低下傾向とは逆に発行点数は平成元年から25年間伸び続ける矛盾があった。

　雑誌は平成元年〜5年は3,800点台，6〜22年まで4,000点台であったが，さすがに雑誌不振を反映して23年から3,000点台に減少した。ちなみにピークは

平成17年の4,581点であった。30年は2,821点である。

　返品は出版業界のガンといわれる病である。返品率は書籍＞雑誌が通例であった。書籍は平成19年40.3％，20年40.9％，21年41.1％と業界危うしの警鐘が鳴らされ，22年以降は30％台に下がり，このところ年々返品率は低下している。これは取次の仕入規制，出版社のマーケティング分析，書店の自主仕入が功を奏している。

　ところが，平成25年に書籍と雑誌の返品率が逆転した。これは由々しきことである。平成25年雑誌返品率38.7％，書籍37.7％である。そして平成27年以降は40％台，29年は43.5％と最悪である。

　元来，雑誌は定期性刊行物であるから，管理可能な商品である。しかし返品率が上昇するその元凶はムック以外の何物でもない。ムックは年間9,000点前後発刊されている。不定期性，一回性のムックの発行点数が減らぬ限り，雑誌の地獄的返品率は低下しない。

　平成24年頃からの現象だが，韓嫌・嫌中本がブームになっている。実際，「嫌韓本」といわれる本が次々に刊行され，ベストセラーにもなっている。

　その一つが昨年の室谷克実の『悪韓論』（新潮社）である。彼はその他『呆韓論』，『ディス・イズ・コリア』（いずれも産経新聞出版）『「妄想大国」韓国を嗤う』（PHP研究所）を刊行している。豊田有恒の『どの面下げての韓国人』（祥伝社），竹田恒泰の『笑えるほどたちが悪い韓国の話』（ビジネス社）など続々と刊行されている。

　中国ものでは櫻井よしこ『ニッポンの懸案』（小学館），加瀬英明の『中国人韓国人になぜ「心」がないのか』（ベストセラーズ），田母神俊雄の『中国にNOと言える日本』（徳間書店）などがある。

　こうした状況に対して，5月と12月に河出書房新社の社員が中心となって「嫌」でも「呆」でもない多様な本があることを強調，全国150書店店頭でフェアを実施した。

　4月に消費税が5％から8％に引き上げられた。その影響は書店現場にも現れた。中小書店の転廃業が出ている。その象徴的なのが，ネット書店，つまり

I 記録

アマゾンによる販売ルートの変容である。注文品が翌日に読者の手に届くシステムの力には敵わない。出版社にとってアマゾンの売上割合が増加している。15〜20％の売上げがアマゾンだということも聞く。

電子書籍の売上が1,000億円を超えた。紙の本か，デジタルブックか，読者の購買の仕方が変化している。消費増税問題，アマゾンによる流通の変容，電子書籍による読書財の変質と出版環境は厳しく業界に迫っている。

 ベストセラーズ

1　水野敬也・長沼直樹『人生はニャンとかなる！』文響社
2　和田竜『村上海賊の娘　上・下』新潮社
3　池井戸潤『銀翼のイカロス』ダイヤモンド社
4　大川隆法『忍耐の法』幸福の科学出版
5　池田大作『新・人間革命　26』聖教新聞社
6　坪田信貴『学年ビリのギャルが1年で偏差値を40上げて慶應大学に現役合格した話』KADOKAWA
7　小山鹿梨子『まんがでわかる7つの習慣　1・2』宝島社
8　渡辺和子『面倒だから，しよう』幻冬舎
9　渡辺和子『置かれた場所で咲きなさい』幻冬舎
10　黒川博行『後妻業』文藝春秋

 文学・文化賞

芥川賞
　　第151回　柴崎友香『春の庭』
　　第152回　小野正嗣『九年前の祈り』
直木賞
　　第151回　黒川博行『破門』
　　第152回　西加奈子『サラバ！』

毎日出版文化賞　第68回
　重松清『ゼツメツ少年』新潮社／秦郁彦『明と暗のノモンハン戦史』PHP研究所／渡辺佑基『ペンギンが教えてくれた物理のはなし』河出書房新社／末木文美士・下田正弘・堀内伸二編著『仏教の事典』朝倉書店／特別賞　佐藤賢一『小説フランス革命　全12巻』集英社／書評賞　立花隆『読書脳』文藝春秋

新風賞　第49回
　坪田信貴『学年ビリのギャルが1年で偏差値を40上げて慶應大学に現役合格した話』KADOKAWA／特別賞　佐々涼子『紙つなげ！　彼らが本の紙を造っている』早川書房

本屋大賞　第11回
　和田竜『村上海賊の娘』新潮社

梓会出版文化賞　第30回
　あけび書房／特別賞　高文研／原書房／第30回記念特別賞　みずのわ出版

新聞社学芸文化賞　第11回
　ミシマ社／新聞社学芸文化賞特別賞　大阪大学出版会

出版統計

	書　籍	雑　誌	計
点　　数	80,954	3,761	
平均定価（円）	1,084	533	
発行部数（万部）	120,547	274,807	395,354
実売部数（万部）	74,618	165,159	239,777
返品率（％）	38.1	39.9	
実売金額（万円）	80,886,555	88,029,751	168,916,306

I 記録

平成27（2015）年

業界10大ニュース

1　安保法案の成立，戦後70年関連書続出，独自の企画も
2　栗田出版販売の民事再生申請と動向
3　指定管理の「ツタヤ図書館」問題をめぐって
4　加害者が手記『絶歌』出版，波紋を広げる
5　「格差の拡大」背景に，ピケティブーム起きる
6　又吉直樹『火花』芥川賞受賞，「火花」フィーバーに
7　紀伊國屋書店の村上春樹本の買切り
8　シャルリー・エブド襲撃事件と「第三書館本」
9　丸善ジュンク堂書店渋谷店のブックフェア中止問題
10　出版文化に軽減税率を求める有識者会議発足

　栗田出版販売が6月26日，民事再生手続きを東京地方裁判所に申し立てた。平成13年の鈴木書店の倒産以来のショッキングなことであった。
　その影響度は鈴木書店の比ではない。なぜならば鈴木書店は二次問屋であるが，栗田出版販売の場合は総合取次で，取引書店を1,000店以上持つからである。つまり，日配商品の雑誌が毎日書店に届けられていたからである。その書店を利用していた読者は雑誌・書籍が買えなくなってしまう。
　負債総額135億円と大型倒産である。直近5年の決算書を見ると，毎期営業利益は黒字であったが，経常利益は赤字であった。つまり本業の本の販売は順調であったが，金融事情，特別損益に問題を抱えていたのである。すでに危険信号がでていたが，その処置を怠ったことが悔やまれる。公表されている債権者は小学館（6億7,000万円），集英社（6億6,000万円），KADOKAWA（5億1,000万円），講談社（3億8,000万円）である。

民事再生案のスキームが発表された。出版社の売掛金は凍結される。栗田出版販売の店頭在庫の返品は，平成28年春に大阪屋経由で出版社が買い取るという内容であった。これに対しては日本出版者協議会が反発，反対声明を発表した。専門出版社等58社も反対した。

同時に発表された再生計画によると，(1) 50万円以下の少額債権は100％弁済する。(2) 50万円を超える債権部分に対して第1回弁済は13.2％，追加弁済4.2％，合計17.4％の弁済を目指すものである。再生債権額計111億6,000万円に対し，弁済見込額は23億7,800万円で，予定全体弁済率は21.3％である。栗田出版販売は平成28年4月1日に大阪屋に統合された。

出版不況の一つとして出版流通の歪みがある。書店側からは，売れ筋商品の入荷がないという声が出版社や取次に届いている。こうしたなかで紀伊國屋書店の高井昌史社長が9月10日発売の村上春樹の『職業としての小説家』（スイッチ・パブリッシング）を10万部発行分のうち9万部を買切り，直接販売とし，他の書店にも卸すと発言した。

その背景にはアマゾンの急台頭によるリアル書店の苦境がある。9万部を買切り，全国の書店に取次を介して配本する。発表後，買切りが話題になり売れた。その時点で3万部増刷された。紀伊國屋書店が一石を投じたことで，この方法が成功すれば，自社本を買切りでと思った出版社もあったと思う。

出版流通改善は出版界の課題である。再販と委託という保護のなかで育ってきた出版界が今，過去のぬるま湯から，敢然と立ちあがらなければならない。形を変えて買切りに挑戦し，仕入をした例は多くある。しかし，成功例はない。なぜか，内容が秘密主義だからである。よい事例はどんどん発表してほしい。これが前進の道である。

フランスの経済学者トマ・ピケティの『21世紀の資本』（みすず書房）がベストセラーとなった。原著はフランスで平成25年刊行，翌年春に英語版が刊行された。アメリカでは1年で50万部のベストセラーになった。日本語版（山形浩生ほか訳）は平成26年12月に刊行された。700ページ余，税込5940円と高い本であったが，1か月余で13万部も売れた。

Ⅰ 記　録

　経済学では経済成長により所得の格差が小さくなるというのが通説である。ピケティは世界各国の200年以上にわたる税金の記録を分析した結果，富裕層が株や土地を運用して得られる資本利益率が労働者が働いて得る所得の伸び（経済成長率）を上回ることを証明した。

 ベストセラーズ

1　又吉直樹『火花』文藝春秋
2　J・L・スコット　神崎朗子訳『フランス人は10着しか服を持たない』大和書房
3　下重暁子『家族という病』幻冬舎
4　大川隆法『智慧の法』幸福の科学出版
5　渡辺和子『置かれた場所で咲きなさい』幻冬舎
6　池田大作『新・人間革命　27』聖教新聞社
7　篠田桃紅『一〇三歳になってわかったこと』幻冬舎
8　曽野綾子『人間の分際』幻冬舎
9　坪田信貴『学年ビリのギャルが1年で偏差値を40上げて慶應大学に現役合格した話』KADOKAWA
10　上橋菜穂子『鹿の王　上・下』角川書店

 文化・文学賞

芥川賞
　　第153回　又吉直樹『火花』／羽田圭介『スクラップ・アンド・ビルド』
　　第154回　滝口悠生『死んでいない者』／本谷有希子『異類婚姻譚』
直木賞
　　第153回　東山彰良『流』
　　第154回　青山文平『つまをめとらば』
毎日出版文化賞　第69回

黒川創『京都』新潮社／樺山紘一『歴史の歴史』千倉書房／渡邊淳司『情報を生み出す触覚の知性』化学同人／日置英剛編『新・國史大年表 全11冊』国書刊行会／特別賞　池内恵『イスラーム国の衝撃』文藝春秋／書評賞　角幡唯介『探検家の日々本本』幻冬舎

新風賞　第50回
　又吉直樹『火花』文藝春秋

本屋大賞　第12回
　上橋菜穂子『鹿の王』角川書店

梓会出版文化賞　第31回
　花伝社／特別賞　群像社／青弓社

新聞社学芸文化賞　第12回
　勉誠出版

出版統計

	書　籍	雑　誌	計
点　　数	80,048	3,674	
平均定価（円）	1,095	548	
発行部数（万部）	116,328	252,327	368,655
実売部数（万部）	72,472	147,358	219,830
返品率（％）	37.7	41.6	
実売金額（万円）	79,357,217	80,752,714	160,109,931

平成28（2016）年

 業界10大ニュース

1　『小説 君の名は。』『ハリー・ポッター』新作，ともに100万部

Ⅰ　記　録

```
2   『天才』のヒットで「角栄本」続出
3   太洋社の倒産と大阪屋・栗田出版販売の統合
4   アマゾンの読み放題が開始，配給停止に出版社から抗議も
5   岩波ブックセンター信山社の倒産
6   日書連10年ぶりの「小売書店実態調査報告書」まとまる
7   日本図書館協会が指定管理者制度導入を否定する見解
8   トランプ次期米大統領に，関連本相次ぐ
9   安倍政権と「日本会議本」ブーム
10  『週刊文春』相次ぐスクープで部数増に
```

　この年の注目点は，書籍の売上げが雑誌の売上げを上回ったことである。昭和54年に書籍売上げ6,642億円（返品率33.0%），雑誌6,654億円（同23.0%），合計1兆3,296億円で，雑誌の売上げが伸びはじめた年であった。

　以後，「雑誌の時代」が続き，出版界は右肩上がりで伸長する。「雑高書低」時代が49年間続いた。まさに半世紀にわたって雑誌王国であった。世界一の雑誌流通であった。

　昨年の栗田出版販売の倒産は大阪屋との統合によって，取次の第三極としてスタートした。しかし，取次受難時代は終わらない。雑誌・コミックに強いといわれた取次業界5位であった太洋社が倒産した。取引書店の売掛金の焦付きで財務内容が悪化，自主廃業を断念し，自己破産となった。太洋社は昭和21年に創業，ピーク時2005年には486億円の売上げがあった。しかし，平成27年は171億円に落ち込み，本社不動産の売却，従業員のリストラ，新狭山センター閉鎖などの再建を試みたが叶わず，自主廃業を公表した。栗田出版販売同様，傘下書店700余店は日販に帳合変更し，路頭に迷うことはなかった。

　栗田出版販売の取引店であった岩波ブックセンター信山社が11月に倒産している。栗田倒産は遠因であろう。経営者の急逝が引き金であったことはいうまでもない。

　岩波BCは昭和56年に岩波アネックスという岩波書店の関連会社としてス

タートした。平成12年に岩波書店と資本関係のない信山社が引き継いだ。神保町のランドマーク的存在として，出版社，書店人，読者から親しまれていた。負債総額は1億2,700万円であった。

明るい話題では，NHK朝の連続テレビ小説『とと姉ちゃん』は生活雑誌『暮しの手帖』を出版した創業者をモチーフにしたもので人気を博した。『週刊文春』が相次ぐスクープにより「文春砲」といわれた。

電子書籍の読み放題サービスとして「Kindle Unlimited」サービスが8月からはじまった。

NTTドコモの定額で雑誌読み放題サービスも多くの問題を醸し出した。月額980円（税込）でキンドル電子書籍の一部が読み放題となる。コンテンツは和書12万冊，コミック3万冊，週刊誌・月刊誌240誌洋書120万冊である。なお初回30日間は「お試し」で無料である。

日本の出版社でも講談社の本は1,192点読める。和書のうち13％はアダルトといわれる。書店で買いづらい本がこのサービスで読める期待はある。しかし，開始から1週間ほどで講談社の人気上位の十数タイトルがサービスから外された。9月末には全タイトルの削除という事態になった。小学館，光文社，白泉社などでも同様の処置がとられている。

実際には想定以上にダウンロード数が多く，泡を食ったアマゾンは，支払額が想定額を超えてしまったので，契約の見直しを求めてきた。アマゾンの自分本位の姿勢がわかる。契約社会のアメリカ流ではない。

アマゾンの対応に出版社各社は反発した。講談社はアマゾンの配信の一方的な停止に対して強く抗議した。

 ベストセラーズ

1　石原慎太郎『天才』幻冬舎
2　J・K・ローリング，J・ティファニー，J・ソーン　松岡佑子訳『ハリーポッターと呪いの子　第一部・第二部』特別リハーサル版　静山社
3　住野よる『君の膵臓をたべたい』双葉社

I 記録

 4 岸見一郎・古賀史健『嫌われる勇気』ダイヤモンド社

 5 大川隆法『正義の法』幸福の科学出版

 6 宮下奈都『羊と鋼の森』文藝春秋

 7 村田沙耶香『コンビニ人間』文藝春秋

 8 池田大作『新・人間革命　28』聖教新聞社

 9 又吉直樹『火花』文藝春秋

 10 橘玲『言ってはいけない』新潮社

 文学・文化賞

芥川賞
 第155回　村田沙耶香『コンビニ人間』
 第156回　山下澄人『しんせかい』

直木賞
 第155回　荻原浩『海の見える理髪店』
 第156回　恩田陸『蜜蜂と遠雷』

毎日出版文化賞　第70回
 島田雅彦『虚人の星』講談社／塩出浩之『越境者の政治史』名古屋大学出版会／佐藤恵子『ヘッケルと進化の夢』工作舎／五味文彦・本郷和人・西田友広・遠藤珠紀・杉山巖編『現代語訳 吾妻鏡 全17冊』吉川弘文館／書評賞　荒川洋治『過去をもつ人』みすず書房

新風賞　第51回
 ヨシタケ・シンスケ『このあとどうしちゃおう』ブロンズ新社

本屋大賞　第13回
 宮下奈都『羊と鋼の森』文藝春秋

梓会出版文化賞　第32回
 大月書店／特別賞　太郎次郎社エディタス

新聞社学芸文化賞　第13回
 旬報社／新聞社学芸文化賞特別賞　国書刊行会

出版統計

	書　籍	雑　誌	計
点　　数	78,113	3,589	
平均定価（円）	1,105	560	
発行部数（万部）	113,769	230,413	344,182
実売部数（万部）	71,219	135,482	206,701
返品率（％）	37.4	41.2	
実売金額（万円）	78,697,430	75,870,393	154,567,823

平成29（2017）年

🔍 業界10大ニュース

1　『漫画 君たちはどう生きるか』のヒット
2　文藝春秋社長の文庫本図書館貸出し問題
3　カズオ・イシグロがノーベル文学賞受賞，早川文庫の増刷相次ぐ
4　共謀罪法案の可決・施行，出版諸団体は反対声明，関連書籍も相次ぐ
5　文春砲，新潮砲が中吊り広告をめぐってバトル
6　アマゾンの日販バックオーダー中止問題
7　岩波文庫創刊90年，『広辞苑』第7版の発売を発表
8　中公新書『応仁の乱』のヒット
9　『うんこ漢字ドリル』，ミリオンセラーに
10　万引防止出版対策本部の発足

アマゾンが日本の出版界にご執心である。アメリカでは出版物より食料品，

Ⅰ　記　録

日常品の扱いの「アマゾン・ゴー」の方向に向かっている。日本においても出版物以外のシェアは高まっている。しかし出版物ではアメリカ本国，ヨーロッパ商圏より日本のマーケットのシェアは高い。日本人の出版物志向をアマゾン・ジャパンは知り尽くしたからである。電子書籍，雑誌のウェブ販売もどんどん向上・変化している。

アマゾンはスタートは大阪屋取引であったが供給に限界を感じ，日販に取引先を変えた。しかし，日販の対応にも不満を持つようになった。アマゾンは読者に対してより早く，確実に，そして安く届けるという方針から，商品供給を受けている日販に対し，対応が十分ではないとして，注文品についての取引を６月末日でストップすることを約2,000社の出版社に通告してきた。

出版社にとってネット書店アマゾンの売上げは大きい。その比率は年々高くなっていることが現実である。アマゾンは会社の販売方針を実現するために，アマゾンのe託販売つまり直取引を目指したものである。書店だけが蚊帳の外である。今こそリアル書店，ネット書店の効能を読者に知らしめる時である。

「共謀罪」が施行された。現代版治安維持法ともいわれる。出版諸団体や日本ペンクラブは反対の声明を発表した。戦前の「横浜事件」もどきがあってはならない。これに関連した書籍が多く出版された。大いに議論して欲しい。

図書館と出版界は共存共栄であるべきだが，文庫本の購入・貸出では利害が反する。文藝春秋の松井清人社長が「全国図書館大会」の席で，文庫購入自制を発言した。裁判官は誰か，読者なのか，予算なのか。

『うんこ漢字ドリル』（文響社）がミリオンセラーとなり，話題を撒いている。新学習指導要領に対応，小学校で習う漢字1006字のすべてを網羅し，それぞれ各３例，計3,018の全例文に「うんこ」が使われている。漢字を書きこむマス目もうんこの形をしている。

全部の例文を作ったのは，映像ディレクターの古屋雄作。例文の作成にあたり，不快にさせる表現，いじめや犯罪につながる表現などを避けたという。「日本一楽しい漢字ドリル」という副題にある通り，全例文に笑いを求めたことにより，子どもが積極的に学習するという評価が高い。

小学1年生から6年生まで学年ごとに1冊ずつ刊行（B5判，84〜106頁，本体各980円。1，2年生は「かん字ドリル」と表記）。累計発行部数はシリーズ全体で277万部。このシリーズは平成29年の日本ブックデザイン賞2017ブックデザイン・パブリッシング部門銅賞を受賞している。

業界通例であるが，どじょう本が水王舎から『まいにちおならで漢字ドリル』として発売されている。

日書連が「全国小売書店経営実態調査報告書」を発表した。10年ぶりである。調査対象は日書連組合員4,015名，回収総数は1,193票で回収率は29.7％であった。

それによると，立地環境は商店街49.9％，住宅地22.0％，郊外10.9％となっている。売場面積は40坪以下が約70％を占めている。専業は30.6％と少ない。営業時間は10〜12時間が54％。年中無休37.7％，週1回が35.4％，家族従業員は「1人」が26.8％，「2人」が25％で約半数以上の割合である。POS 導入は34.8％が書店の現状である。

書籍と雑誌の売上比率は書籍2対雑誌8が最も多く21.2％，書籍3対雑誌7が18.6％，雑誌が6割以上を占めている。後継者の有無は，「いる」が40.4％，「いない」が51.5％となっている。

ベストセラーズ

1　佐藤愛子『九十歳。何がめでたい』小学館
2　恩田陸『蜜蜂と遠雷』幻冬舎
3　大川隆法『伝道の法』幸福の科学出版
4　K・ギルバート『儒教に支配された中国人と韓国人の悲劇』講談社
5　村上春樹『騎士団長殺し　第1部・第2部』新潮社
6　呉座勇一『応仁の乱』中央公論新社
7　池田大作『新・人間革命　29』聖教新聞社
8　横山光昭『はじめての人のための3000円投資生活』アスコム
9　川口俊和『コーヒーが冷めないうちに』サンマーク出版

Ⅰ　記　録

10　住野よる『君の膵臓をたべたい』双葉社

 文学・文化賞

芥川賞
　　第157回　沼田真佑『影裏(えいり)』
　　第158回　石井遊佳『百年泥』／若竹千佐子『おらおらでひとりいぐも』
直木賞
　　第157回　佐藤正午『月の満ち欠け』
　　第158回　門井慶喜『銀河鉄道の父』
毎日出版文化賞　第71回
　　古処誠二『いくさの底』KADOKAWA／東浩紀『ゲンロン０　観光客の哲学』ゲンロン／千葉聡『歌うカタツムリ』岩波書店／田川建三『新約聖書　訳と註　全７巻・８冊』作品社／特別賞　前野ウルド浩太郎『バッタを倒しにアフリカへ』光文社
新風賞　第52回
　　該当なし／特別賞　呉座勇一『応仁の乱』中央公論新社
本屋大賞　第14回
　　恩田陸『蜜蜂と遠雷』幻冬舎
梓会出版文化賞　第33回
　　石風社／特別賞　無明舎出版
新聞社学芸文化賞　第14回
　　左右社

出版統計

	書　籍	雑　誌	計
点　　数	75,412	3,480	

平均定価（円）	1,120	568	
発行部数（万部）	108,422	211,294	319,716
実売部数（万部）	68,089	119,381	187,470
返品率（％）	37.2	43.5	
実売金額（万円）	76,259,698	67,808,470	144,068,168

平成30（2018）年

業界10大ニュース

1. トーハン・日販，物流の協業へ検討開始
2. 出版物の軽減税率認められず
3. 『漫画 君たちはどう生きるか』ベストセラーでトップ
4. 月刊誌『新潮45』特集問題で休刊
5. 海賊版サイトをめぐり多様な動き
6. 著作権法改正，TPPで決着，保護期間70年に
7. 岩波新書創刊80年，河出新書の復活，毎日文庫創刊
8. 図書館の教育委員会から長部局への移管問題
9. 1968年から50年，関連書相次ぐ，雑誌の特集も
10. 出版クラブビルが神保町に移転

　平成最後の年となった。平成の嵐といえば，再販制問題，ポイントの解釈，アマゾン攻勢，出版輸送運賃問題といずれも解決されないまま，次の元号に送られてしまった。

　平成30年に限っていえば，出版輸送問題が遂に最終局面を迎えたことである。2つの局面があった。その1つは運賃協力金の要請で，各取次が各出版社の実績・実状に応じて運賃負担をお願いしたことである。日販が170社，トーハン

Ⅰ　記　録

が300社に声掛けをしたといわれる。トーハン，日販の直近の決算書によれば，販管費の半分は運送費である。トーハン70期の販管費435億8,700万円のうち，運賃・荷造費は238億4,600万円で54.7％である。日販の69期の販管費441億9,500万円のうち，荷造運送費は229億7,700万円で51.9％である。

　取次会社は運送会社のドライバー不足や高齢化，長時間勤務，低賃金，燃料価格の高騰などの実情をつきつけられ，出版輸送を止めたいというのが現状である。

　もう一つの局面は，前述の危機的状況を脱するため，トーハン，日販は両社の物流協業の協議をして合意に達したことである。業界における両社のシェア・競合度は異常である。公取委が注目することは当然で，両社は事前に公取委に相談し，回答を得，両社の締結をみたものである。取次史のなかで異例といってよい出来事であった。

　なお，日販はこの数年，利益の出にくくなっている体質を業界に向け発信している。それは日販にとって書籍の事業は赤字だという言動がとみに多くなっていることが証明している。こうした背景から，運賃協力要請の際，併せて取引条件の見直しを求めていた事実を多くの出版社から耳にしている。何か釈然としない感じがした。

　この年の大きな動きに大阪屋栗田が楽天の子会社になったことが挙げられる。5月25日に臨時株主総会を行い，楽天の出資比率が51％となり，経営権を取得，子会社化した。

　楽天の子会社になってからは，決算や人事の発表がなくなり，不透明化が問われるようになった。

　平成26年2月に講談社から大竹深夫社長を迎え，新生・大阪屋栗田が誕生した。平成31年2月で丸5年を経過したことになる。スタート時から変則的な会計年度であった。

　第3期平成28年10月1日～平成29年3月31日，売上高802億円，純損失6200万円。この年で大竹社長退任。第4期平成29年4月1日～平成30年3月31日，純損出10億6,200万円（服部達也社長）と決算公告に発表されている。しかし，

第4期損益計算書には営業収益770億3,700万円，営業費用778億9,700万円，経常損失7億7,400万円，特別損出3億100万円，当期純損出10億6,200万円が発表されている。

　服部達也新社長の意気込みは強い。他取次にないポイント政策で取引先書店の活性化を図ろうとしている。この施策がどこまで書店に浸透するか注目される。そのためには大阪屋栗田の人事，財政面の情報発信が今少し多いことが望まれている。

　平成29年の夏に書店新風会の大垣守弘会長の提唱で，11月1日が「本の日」として認可された。1年以上の準備期間を経て，この年初めて，平成最後のイベントが全国各地で展開された。

　「本の日」実行委員会では，総額500万円の図書カードを進呈するキャンペーンを実施した。実際に独自企画を展開した書店は全国で126法人に及んだ。かつて4月23日の「サン・ジョルディの日」に催事が行われたことがあった。すでに20年も前であろうか。「本の日」のキャンペーンはそれ以来の大催事であった（なお，サン・ジョルディの催事は現在でも愛知書店商業組合では「本を贈る日」として実施していることは立派である）。

　この11月1日という日は，すでに日本記念日協会から「古典の日」が認定されていた。そのために河出書房新社では数年前から協賛し，「古典の日」を盛り上げていた。この年はもちろん，河出書房新社も積極的に参加して下さり，本・古典を併用してくれた書店も多かった。こうした盛り上がりが業界内にあることはよいことである。読者開発，書店アピールの場にしてゆきたいものである。

　平成30年のベストセラー1位は全国書店，トーハン，日販，書店新風会すべて『漫画　君たちはどう生きるか』であった。こうした例は稀有である。本書は昨年8月に刊行され，年内に100万部を突破したもののトップにならなかったが，その後も売れ続けて，12月には204万部になった。

　原作本も50万部売れた。原作は80年前に刊行された名著である。昭和57年に岩波書店で文庫化され，ロングセラーとして150万部に達している。内容は人

Ⅰ 記 録

間のあるべき姿を求める主人公コペル君とおじさんの物語である。本のジャンルは児童書であるが購買層の中心は40〜70代，とくに40代の女性が多い。10代，20代の読者もかなりいるようで，中学生，高校生がこの本の読書会をしているところもあるという。

 ベストセラーズ

1　吉野源三郎原作　羽賀翔一漫画『漫画　君たちはどう生きるか』マガジンハウス
2　若竹千佐子『おらおらでひとりいぐも』河出書房新社
3　矢部太郎『大家さんと僕』新潮社
4　宮下奈都『羊と鋼の森』文藝春秋
5　東野圭吾『ラプラスの魔女』KADOKAWA
6　石村友見『ゼロトレ』サンマーク出版
7　東野圭吾『人魚の眠る家』幻冬舎
8　百田尚樹『日本国紀』幻冬舎
9　下重暁子『極上の孤独』幻冬舎
10　辻村深月『かがみの孤城』ポプラ社

 文学・文化賞

芥川賞
　　第159回　高橋弘希『送り火』
　　第160回　上田岳弘『ニムロッド』／町屋良平『１R１分34秒』(いちらうんど)
直木賞
　　第159回　島本理生『ファーストラブ』
　　第160回　真藤順丈『宝島』
毎日出版文化賞　第72回
　　奥泉光『雪の階』中央公論新社／佐藤卓己『ファシスト的公共性』岩波

書店／松田洋一『性の進化史』新潮社／内田泉之助他編『新釈漢文大系全120巻・別巻1』明治書院／特別賞　松村圭一郎『うしろめたさの人類学』ミシマ社

新風賞　第53回

吉野源三郎原作　羽賀翔一漫画『漫画 君たちはどう生きるか』マガジンハウス

本屋大賞　第15回

辻村深月『かがみの孤城』ポプラ社

梓会出版文化賞　第34回

作品社／特別賞　ひつじ書房

新聞社学芸文化賞　第15回

亜紀書房／特別賞　ボーダーインク

出版統計

	書　籍	雑　誌	計
点　　数	71,661	2,821	
平均定価（円）	1,164	651	
発行部数（万部）	89,684	188,333	278,017
実売部数（万部）	57,129	106,032	163,161
返 品 率	36.3	43.7	
実売金額（万円）	69,910,000	59,300,000	129,210,000

（注）上記のデータは出版科学研究所のものです。上記の他電子出版が2,479億円あります。

3

30年の変遷

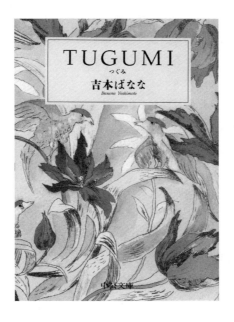

　本章はムック，文庫，コミックについて分析を試みた。この三つのジャンルに絞った理由は出版データが揃っているからである。しかも，このジャンルは業界の主要ジャンルである。それ以外に業界周辺として公共図書館の事情，国際環境として平成時代の海外75か国の出版点数の推移を記載した。その他国内の出版社・取次・書店の興亡についてふれた。特に書店についてはリーダー的な役割を果たしている「書店新風会」にスポットを当てた。

　出典：吉本ばなな『TUGUMI（つぐみ）』（中公文庫，平成4年）。

I 記録

文庫市場

　文庫は書店にとって雑誌・コミックに次ぐ主力商品である。雑誌のない書店が存在しないように，文庫不扱い書店はないといってよい。

　文庫は安価であること，ハンディであることが特色である。文庫の誕生には二通りある。一つは親版（文芸書，単行本）の文庫化である。公正取引委員会が執拗に再販制反対を唱えていたとき，唯一，文庫は業界の廉価版として，再販制維持の防波堤になっていた。もう一つは最初から文庫版として刊行されるものである。業界では書き下ろし文庫と称されている。

　こうした文庫は出版社のステイタスでもある。現在，文庫を出版する版元は70～80社である。その出版社は総合出版社か個性派版元である。文庫は単行本と違って定期性の強い出版物である。この点では雑誌の発行に似ている。発売日が決まっていること，来月の発売文庫として事前情報を求められていることも文庫出版の特色である。

　したがって，文庫発行出版社は書店では，雑誌同様に指定陳列販売台や棚が用意されている。陳列の優位性は文庫の特性である。しかし，その反面，雑誌同様に新刊（今月発売物）が発売されると，先月の商品は棚から外され，返品にまわされる悪い商習慣もある。

　しかし，書籍として強い一面もある。それは文庫目録の発行があることである。文庫のリピート性，ロングセラー性が生まれるのである。

　平成30年間の文庫市場で一番売れた年の金額は平成6年の1,454億円である。この年の書籍売上高は1兆339億円であるから，文庫の販売シェアは14.1％である。現在は日販の『書店経営指標』によれば23.6％と，文庫依存度は高い。

　平成4～6年が文庫の売れたピークであって，この3年間は，1,435億円，1,433億円，1,454億円と高売上げが続いている。平成7年～15年まで下降ないしは低迷状態がつづいた。

表3.2 平成年間の文庫市場

年	新刊点数(点)	発行部数(万冊)	返品率(％)	実売部数(万冊)	実売金額(億円)	増加率(％)
平成元	3,909	44,000	32.5	29,700	1,274	0.3
平成2	3,978	44,480	33.4	29,640	1,313	3.1
平成3	3,877	43,300	29.8	30,400	1,398	6.5
平成4	4,205	44,200	31.8	30,400	1,435	2.6
平成5	4,383	43,930	33.3	29,285	1,433	▲0.1
平成6	4,617	43,187	33.2	28,849	1,454	1.5
平成7	4,739	42,279	36.5	26,847	1,396	▲4.0
平成8	4,718	39,081	34.7	25,520	1,355	▲2.9
平成9	5,057	41,381	39.2	25,159	1,359	0.3
平成10	5,337	42,025	41.2	24,711	1,369	0.8
平成11	5,461	41,782	43.4	23,649	1,355	▲1.0
平成12	6,095	40,928	43.4	23,165	1,327	▲2.0
平成13	6,241	37,878	41.8	22,045	1,270	▲4.3
平成14	6,155	36,897	40.4	21,991	1,293	1.8
平成15	6,373	36,366	40.3	21,711	1,281	▲0.9
平成16	6,741	36,467	39.3	22,136	1,313	2.5
平成17	6,776	37,186	40.3	22,200	1,339	2.0
平成18	7,025	39,078	39.1	23,798	1,416	5.8
平成19	7,320	38,197	40.5	22,727	1,371	3.2
平成20	7,809	38,453	41.9	22,341	1,359	▲0.9
平成21	8,143	37,375	42.3	21,559	1,322	▲2.7
平成22	7,869	35,350	40.0	21,210	1,309	▲1.0
平成23	8,010	33,968	37.5	21,229	1,319	0.8
平成24	8,452	34,299	38.1	21,231	1,326	0.5
平成25	8,487	33,263	38.5	20,459	1,293	▲2.5
平成26	8,574	30,986	39.0	18,901	1,213	▲6.2
平成27	8,514	29,189	39.8	17,572	1,140	▲6.0
平成28	8,318	27,125	39.9	16,302	1,069	▲6.2
平成29	8,136	25,571	39.7	15,419	1,015	▲5.1
平成30	7,919	23,677	40.0	14,206	946	▲6.8

出典:『出版月報』出版科学研究所。

Ⅰ　記録

コミック市場

　30年間の推移を実売金額から見てみよう。平成元年の実売金額は1,693億円であり，平成29年の実売金額は2,528億円であるから，30年間の伸び率は149.3％である。
　出版業界全体と比較してみよう。平成元年の業界売上げは2兆145億円で，平成29年の売上げは1兆4,406億円であるから，伸長率は71.5％である。つまり業界売上げは28.5％ダウンしている。それに対してコミックは約1.5倍の成長である。業界内では優等生のジャンルといえる。
　しかし，最近の状況をみると，コミックの成長率も峠を越し，近年の落ち込みは激しい。ピークの売上げは平成17年の3,575億円であった。同年の業界売上げは2兆2,627億円であるから，コミックのシェアは15.8％となる。書店の売上げの柱であることがわかる。
　そのコミックが平成18年以降（除平成26年），12年連続で売上減となっている。12年間に30％のダウンとなっている。若者のコミック離れ，デジタル版による安価な読書，スマホに時間と小遣いを取られ読書環境は厳しくなっている。コミックのデジタル版利用者の増加を考えると一概にコミック離れといえない点もあるが……。
　その現象を裏づけるデータがある。それはコミックの新刊点数の推移である。平成元年は4,621点であったが，30年は1万2,977点で，2.8倍になっている。コミックは平成15年に新刊点数1万点を超えて以来，23年以降は1万2,000点台の盛況である。一方で実売金額が減少していることから，1点当たりの売上げ低下がわかる。大型書店のコミック売上げは，直近2〜3年では15〜20％ダウンである。コミックの売上比率の高い中小書店にとっては経営を左右する問題である。
　コミック不況の原因は四つ考えられる。一つめは，ロングラン作品が完結し

たことによるもの。『週刊少年ジャンプ』（集英社）の連載コミックの『こちら葛飾区亀有公園前派出所』がその代表例であろう。平成16年9月に完結したので，その後の売上減は必至であった。その売上げを補完する新しいタイトルは生まれてきていない。

　二つめは，売上上位タイトル（ビッグタイトル）の初版部数が減っていることである。初版100万部を突破している作品が平成19年には10タイトルもあったが，現在は60～70万部が売上上位タイトルの初版部数になっている。超々ビッグタイトルをみても，その減り具合がわかる。平成19年当時『ONE PIECE』は244万部，平成26年400万部，平成29年360万部であった。『進撃の巨人』は平成26年256万部，平成29年は187万部と減っている。

　3つめは，電子コミックの影響である。スマホの普及で，電子コミックが台頭してきた。紙から電子にシフトしていることは時代の要請であった。特に若年層の普及度は早く，深い。一般的に電子コミックの需要は青年層で，エログロのコミックであったり，BL（ボーイズラブ）や TL（ティーンズラブ）などの愛好家といわれた。こうした時代は確かにあったが，現在はコミック読者が，静かに紙から電子にシフトに変わっていることを認識する必要がある。

　四つめは，コミックレンタルの影響である。平成28年の調査ではレンタル店は2,172店あり，その売上げは23億円であった。ビデオレンタル，CD レンタルに後れをとったのがコミックレンタルであった。CD は無料配信の時代になり急落したが，コミックは人口から考えて，まだその余地を残している。

　その前に確認するが，出版科学研究所の調査からコミックの売上げをみてみよう。

　コミックは現在四つに分類できる。一つめは，紙のコミックである。市中に一番流布している出版物である。紙のコミックで，新書判の単行本スタイルで，コミックの主流である。二つめは，雑誌のコミック版・コミック誌である。三つめは，電子コミックで紙のコミックの電子版である。現在，急激に伸びている。四つめは，雑誌のコミック誌の電子版・電子コミック誌である。コミックのなかで一番出遅れている。

I 記 録

コミックの売上について，まず注目したいことは電子コミックスと紙コミックの売上逆転があったことである。紙コミックス1,666億円に対し，電子コミックは1,711億円である。コミック市場（紙＋電子）の実売金額は4,330億円である。紙コミック1,666億円，紙コミック誌917億円，電子コミック1,711億円，電子コミック誌36億円である。紙のコミックとコミック誌の実売金額は64.5対35.5である。実売部数では54.3対45.7である。

表3.3　平成年間のコミック市場

年	新刊点数（点）	平均定価（円）	実売部数（万部）	実売金額（億円）	返品率（％）
平成元	4,621	431	47,421	1,693	16.8
平成2	4,498	435	54,981	2,002	17.2
平成3	4,570	441	56,603	2,517	17.6
平成4	4,653	446	59,893	2,698	18.8
平成5	5,157	456	65,715	2,996	19.6
平成6	5,794	462	69,124	3,192	21.0
平成7	6,721	468	70,835	3,317	24.4
平成8	7,046	469	70,176	3,290	22.9
平成9	6,919	481	65,850	3,168	23.6
平成10	7,596	481	66,207	3,217	23.1
平成11	7,924	485	63,146	3,065	24.9
平成12	7,825	481	64,686	3,114	23.8
平成13	8,970	482	69,007	3,325	25.4
平成14	9,829	469	71,657	3,360	26.1
平成15	10,014	476	73,106	3,478	26.7
平成16	10,431	480	71,953	3,451	27.3
平成17	10,738	481	74,252	3,575	27.3
平成18	10,965	485	71,891	3,488	27.4
平成19	11,368	484	71,295	3,450	27.7
平成20	12,048	493	68,195	3,363	29.5
平成21	11,927	497	64,339	3,199	28.9
平成22	11,977	494	63,842	3,152	26.5
平成23	12,021	498	62,048	3,091	27.1
平成24	12,356	504	60,688	3,060	28.1
平成25	12,161	507	60,451	3,062	27.2
平成26	12,700	511	61,712	3,151	28.4
平成27	12,562	522	57,854	3,016	30.3
平成28	12,591	526	53,703	2,827	31.1
平成29	12,461	528	47,847	2,528	34.1
平成30	12,977	545	44,256	2,412	33.3

出典：『出版月報』出版科学研究所。

ムック市場

　昭和46年（1971年）に出版業界の知恵を集めて作られた，我が国唯一の『出版事典』（編集代表・布川角左衛門，出版ニュース社）に「ムック」の項目はない。編集委員には岡田温，寿岳文章，鈴木敏夫，美作太郎が名を連ねている。出版および関連分野に関する執筆者は80人におよんでいる。これらの人たちに，当時「ムック」は市民権を得るまでの存在でなかったことがわかる。

　このようにムックの歴史はそれほど古いものではない。紀田順一郎監修『本の情報事典』（出版ニュース社）によれば，布川角左衛門が『ちくま』（連載，昭和48年1月号）の「本の周辺」のなかで「ムックとは」と紹介したのが初めてだろうと書かれている。

　ムックが市民権を得たのは，『別冊太陽――日本のこころ・百人一首』（平凡社，1972年12月1日発行）である。ムックのメリットは雑誌コードとISBN（書籍化）が付されることによって，販路や販売期間が拡大されたことである。このことにより出版社は売上げ，利益増の玉手箱を得ることになった。

　平成時代のムックの環境を見てみよう。新刊点数は平成元年2,658点，平成29年8,554点で，伸長率は322％である。点数のピークは平成25年9,472点で，単純に計算すれば毎月789点のムックの新刊が店頭に並んだことになる。この年のムックの実売金額は1,025億円，雑誌の実売金額が9,280億円であるから，ムックの販売シェアは11.0％となる。

　平成29年版『雑誌のもくろく』（日本出版販売）に掲載されているムック発行出版社は169社である。発売日不定のシリーズは372点（17社）ある。

　雑誌低迷の現在，ムックの発行点数だけは業界内で唯一，健在といえそうである。平成12～18年は7,000点台の発行であり，19～23年は8,000点台に増加した。そして24～27年はついに9,000点台に達してしまった。現在雑誌の発行点数は2,977点である。ムックはなんとその3倍以上である。書店店頭がムック

Ⅰ　記　録

で溢れ返ることは必至である。ムック暴力といってもよいほど店頭雑誌陳列を混乱させている。各出版社はムック発行点数の異常さを知りながら刊行し続けた。それはそれなりに売れたからである。

しかし，この異常さを知らせる警鐘データに業界は驚いた。返品率の異常な高さである。返品減少は業界の最眼目である。それにもかかわらず，ムック版元は取引条件が書籍よりも有利であること，全国隅々まで配本できることに甘えてきたのである。この警鐘はすでに2012年（平成24）にはじまっていたのである。日本雑誌協会は，ムックの効率販売のために，販売期間を表記することにした。表記はH表記とし，雑誌コードの下に表記することにした。表記の対象雑誌は出版社の自主選定である。表記期限は12か月以内の任意とし，販売期間は出版社が決定する。

この処置によって無法地帯に少しは歯止めがかかったかに見えたが，現実は甘くなかった。返品率の推移を平成元年から見てみよう。

平成元年のスタート時は20％台と優等生であった。平成4～8年は30％台，以後平成26年まで18年間の長きにわたり40％台で，しかも年々上昇（除平成13，14年）する悪習慣がついてしまった。これが業界風景となって定着すると無感覚になってしまう。新刊点数の増加と返品率の上昇は連動する関係にある。平成27年以降は返品率50％以上と，販売業者の恥部となってしまった。業界全体が反省しなければならない。

小売書店の最大の弱点はキャッシュフローの不在である。この近因はムックにありといっても過言ではない。なぜならば，定期雑誌は管理可能商品である。これはマーケットが見えるからである。ところがムックは管理不可能商品である。野放図に店頭に置かれ，不規則に返品される。ムックは小売書店（特に中小書店）では資金繰りを悪化させる元凶商品である。解決策としては，出版社側の禁欲出版しかない。取次にも指導が必要である。これまで無制限に送品されていたムックに書店はブレーキをかけなければいけない。資金繰りが破壊されることを取次に申告すべきである。極端な場合には送品辞退がある。

返品率50％以上という，世紀末的出版事情は許されるものではない。業界3

者が真摯に受け止め，2年以内に返品率30％台に戻すべきである。

表3.1　平成年間のムック市場

年	新刊点数(点)	平均定価(円)	発行部数(万冊)	返品率(％)	実売部数(万冊)	実売金額(億円)
平成元	2,658	830	10,142	28.0	7,353	606
平成2	2,690	891	10,979	27.6	8,000	709
平成3	2,883	898	12,276	29.5	8,655	778
平成4	3,194	977	13,584	32.0	9,237	902
平成5	3,742	916	18,419	31.8	12,560	1,150
平成6	4,182	946	19,349	34.5	12,670	1,199
平成7	4,652	925	22,471	36.0	14,380	1,330
平成8	5,036	913	24,238	39.6	14,543	1,337
平成9	5,623	936	25,609	43.5	14,469	1,355
平成10	5,919	936	24,691	44.0	13,950	1,295
平成11	6,672	894	26,443	43.5	15,073	1,336
平成12	7,175	905	25,244	41.2	14,686	1,324
平成13	7,627	931	23,557	39.8	14,576	1,320
平成14	7,537	932	22,506	39.9	13,549	1,260
平成15	7,990	919	22,905	41.5	13,354	1,232
平成16	7,789	906	23,190	42.3	13,288	1,212
平成17	7,859	931	22,332	44.0	12,573	1,164
平成18	7,884	929	21,394	45.0	11,853	1,093
平成19	8,066	920	20,987	46.1	11,312	1,046
平成20	8,337	923	21,176	46.0	11,435	1,062
平成21	8,511	926	21,726	45.8	11,709	1,091
平成22	8,762	923	21,788	45.4	11,831	1,098
平成23	8,751	934	20,829	46.0	11,180	1,051
平成24	9,067	913	21,453	46.8	11,347	1,045
平成25	9,472	884	22,246	48.0	11,460	1,025
平成26	9,336	869	22,001	49.3	11,082	972
平成27	9,230	864	22,331	52.6	10,552	917
平成28	8,832	884	21,125	50.8	10,140	903
平成29	8,554	900	19,308	53.0	8,873	816
平成30	7,921	871	17,218	51.6	7,440	726

出典：『出版月報』出版科学研究所。

I　記　録

公共図書館

　現在日本には公共図書館が3,277館（平成29年3月31日現在）ある。

　公共図書館の総数3,280館を分解すると本館（中央館）1,660館に対して，分館は1,620館で，全体の49.4％が分館ということになる。各都市において，毛細血管的に分館が設置されていることがわかる。

　分館といっても小規模なものではなく，地域館として活動している。特に30万人以上の都市では分館率が高い。すなわち，80.5％，85.3％と高いことがわかる。政令指定都市では，地域館依存が91.5％と極めて高い。この状況は東京都の各区においても同じで，89.7％と高い。

　図書館行政が人口密集地中心かというと，かならずしもそうではない。人口の少ない地域では自動車図書館が活躍している。台数的には6万人以上都市に92台が配置され，一番多い。次は過疎地域1万5,000人未満地区には83台が用意されている。

　21世紀初頭，日本は先進諸外国に比して図書館が少ないことが指摘された。例えば，アメリカは広域ということもあるが2万館以上の図書館がある。日本はその9分の1以下である。そこで，当時実施されたことの一つが，公民館図書室の格上げであった。ここで図書館数が一挙に増したことを思い出す。

　しかし，問題はあった。公民館図書室の蔵書は少ない・古い・汚い，施設が狭い・暗いといった批判であった。各県，市中央図書館の梃入れで最低限の形は作られた。だが決定的な問題が残った。それは，管理・所管行政が公民館は厚生労働省，図書館は文部科学省であった。図書館は実際には各地方公共団体の教育委員会が管理している。この所管の違いによって予算・職員・研修・施設等の充実に多くの問題を残し，現在に至っている。

　20世紀時代に，図書館界と出版業界の不仲（？）の時代があった。それは公共図書館を公営無料貸本屋と揶揄したことであった。それには二つの理由が

あった。

　一つはベストセラーの大量購入である。同一本を20冊，30冊と購入し，地域読者の要望に応えた時代である。一過性の人気ゆえ，翌年には借りる人がいない。これは予算の無駄使いであり，本来図書館が買わなければいけない本にその予算を回すべきであるという意見であった。

　また，著者の側からも得るべき印税が入ってこない……つまり本を買わないで借りてすます読者が増えたことに対する苦笑である。

　二つめは公共図書館の貸出冊数が急増し，書店店頭の販売冊数に迫ってきたことである。図書館の貸出冊数は平成元～15年は2億～5億冊に上昇し，平成6～21年は6億冊となり，7億冊貸出が見えてきた。そして平成25年は図書館の貸出冊数が書店の販売冊数を上回った。

　図書館側もベストセラーの大量購入を止め，無料貸本屋の汚名を返上した。こうして図書館と出版業界の競合関係は無くなり，共存関係になってきたことは喜ばしいことである。

　とはいえ平成29年の全国図書館大会の席上で，文藝春秋の松井清人社長が公共図書館に文庫の貸出中止を提言している。業界の文庫売上不振の苦渋から出た言葉であろうか。

表3.4　平成年間の公共図書館データ

年	個人貸出冊数 （千冊）	図書館数	蔵書冊数 （千冊）	資料費 （万円）
平成元	255,922	1,873	153,244	2,181,719
平成2	263,049	1,928	162,634	2,677,349
平成3	273,800	1,984	174,977	2,857,115
平成4	292,244	2,038	185,232	3,079,246
平成5	330,099	2,118	198,244	3,242,020
平成6	365,256	2,207	210,082	3,403,027
平成7	395,585	2,297	223,721	3,490,813
平成8	412,604	2,363	234,615	3,636,370
平成9	432,874	2,450	249,649	3,696,972
平成10	453,373	2,524	263,121	3,616,139
平成11	495,460	2,585	276,573	3,564,338
平成12	523,571	2,639	286,950	3,519,525

Ⅰ 記　録

平成13	532,703	2,681	299,133	3,541,654
平成14	546,287	2,711	310,165	3,522,070
平成15	571,064	2,759	321,811	3,431,266
平成16	609,687	2,825	333,962	3,284,724
平成17	616,957	2,953	344,856	3,170,018
平成18	618,264	3,082	356,710	3,094,714
平成19	640,860	3,111	365,713	2,996,510
平成20	656,365	3,126	374,729	3,027,561
平成21	691,684	3,164	386,000	3,066,706
平成22	711,715	3,188	393,292	3,074,181
平成23	716,181	3,210	400,119	2,941,037
平成24	714,971	3,234	410,224	2,894,189
平成25	711,494	3,248	417,547	2,858,814
平成26	695,277	3,246	423,828	2,854,618
平成27	690,480	3,261	430,993	2,806,947
平成28	703,517	3,280	436,961	2,844,268
平成29	691,471	3,291	442,822	2,828,944
平成30	668,519	3,277	447,344	2,846,257

出典：『日本の図書館 2018』日本図書館協会。

表3.5　公共図書館の調査　平成28年

	本館	分館	計	分館率	全体シェア	自動車台数
都道府県立図書館	47	11	58	19.0	1.8	2
私立図書館	19	0	19	0	0.6	0
町村立図書館						
人口1万5千人未満	281	22	303	7.3	9.2	83
人口1万5千人以上	239	67	306	21.9	9.3	48
市立図書館						
人口4万人未満	241	165	406	40.6	12.4	66
人口4万人以上	236	84	320	26.3	9.7	64
人口6万人以上	205	187	392	47.3	12.0	92
人口10万人以上	206	128	334	38.3	10.2	73
人口15万人以上	48	146	194	75.3	5.9	31
人口20万人以上	44	136	180	75.6	5.5	28
人口30万人以上	23	95	118	80.5	3.6	24
人口40万人以上	28	163	191	85.3	5.8	27
政令指定都市の図書館	20	215	235	91.5	7.2	27
東京都特別区の図書館	23	201	224	89.7	6.8	0
計	1,660	1,620	3,280	49.4	100	565

出典：『日本の図書館 2018』日本図書館協会。

海外の出版物市場

各国の出版事情

　その国の出版物の輸出・輸入額によって当該国の出版国際性がわかる。先進国の出版点数，売上高は表3.6によって明らかである。残念ながら我が国の出版物の輸出は極めて低調である。その原因が日本語にあることは明らかである。その事情を各国別に見てみよう。

＜イギリス＞

　出版点数（2016年）は中国，アメリカに次いで第3位の17万3,000点である。売上高は4,779億円であるが，輸出額が2,616億円で，売上げの54.7％を占めている。英語という国際語の有利性が如何なく発揮されている。イギリスの出版物の輸出比率は年々高くなっている。

　輸出先上位11か国を見てみよう（2014年）。アメリカ348億円，ドイツ270億円，オーストラリア211億円，アイルランド165億円フランス132億円，オランダ109億円，スペイン85億円，南アフリカ72億円，イタリア71億円，シンガポール63億円，日本61億円となっている。以下スウェーデン，アラブ首長国，カナダ，中国，ポーランド，インド，ベルギー，デンマーク，ノルウェイが上位20か国である。輸入についてはデータが発表されていない。

＜アメリカ＞

　アメリカ出版者協会（AAP）の『統計年鑑 2017年版』には，アメリカ出版界の輸出入の統計は掲載されていない。参考までに2013年版についてみると，輸出額は1,920億円でその年の売上げに対して5.9％であった。輸入は不明。

I　記　録

<フランス>

　フランスは輸出額が870億円で，売上げに対して23.9％と高い。フランス書の国際性がよく表れている。翻訳点数が1万2,470点で，出版点数6万8,069点に対して18.3％と高い。日本語からフランス語に翻訳されたものは1,555点で，英語（7,184点）に次いで多い。

　翻訳書に占められる比率が12.5％（昨年12.1％）と上昇した。これは漫画ブームが寄与したものである。第3位のドイツの2倍以上の翻訳があることは，コミックは世界の言語であることの証である。

<ドイツ>

　ドイツの出版物の輸出は活発ではない。売上げに対してわずか2.3％である。しかし売上高は1兆1,873億円で，日本の1.6倍に達している。人口が8,280万人と日本よりはるかに少ないことを勘案すると，実質売上げは日本の倍といっても過言ではない。

　チェーン書店のタリヤ書店，ヒューゲンデューベル書店，マイアー書店，オジアンダ書店等の頑張りが凄い。アマゾンの「キンドル」に対抗し勝利している。

　取次店リブリ，KNVの書店支援も見逃せない。出版物販売額はアメリカに次ぎ第2位である。日本の書籍販売額は2016年現在，7,625億円であるが，その差は開くばかりである。

<日本>

　日本の出版界は日本語という言語の障壁で輸出には恵まれていない。年間書籍の輸出額は90億円で，書籍売上7,625億円に対して，1.1％である。先進国のなかでは最も低い率である。現在，国内マーケットは紙市場に対してアゲインストである。今後は日本で売れた本，ベストセラーは海外でも売れる信念をもってもよいと思う。

　輸出先を見ると，アメリカは別格として，東南アジアが多い。台湾，中国，

韓国，タイ，香港，フィリピン，シンガポール，オーストラリアの順で輸出されている。

ベトナムは現在，出版データの整備が未発達だが，数年前からベトナムに本を輸出するための版権勉強会が開かれている。ベトナムからも多くの出版社が来日し，日本の出版社50～60社の会合は有意義なものになっている。

平成30年11月1日・2日は「東京版権説明会」が東京駅近くのパレスサイドビルで開かれた。これは毎日新聞出版とダイヤモンド社の呼び掛けで発足した会である。中国，韓国，台湾などの企業と出版社26社，約250人が訪れた。日本の出版物の海外進出のスタートだと思いたい。流通に関しては取次機構に依頼すればよい。世界ネットでは紀伊國屋書店の海外店を利用する方法もある。

世界の出版統計について

海外の出版事情を知るためには各国のデータをまとめた資料が必要である。これまでユネスコが毎年発表していた各国の出版統計は1996年で中断されてしまった。その後ジュネーヴの国際出版社連合（IPA）が加盟各国から報告を受け，まとめていた出版統計を発表してくれていたが，毎年継続されている状態ではない。したがって各国別にデータを蒐集しなければならない。現在各国でどのような統計機関に頼っているみてみよう。

アメリカの出版社の売上統計は，アメリカ出版者協会（AAP）の『統計年鑑』によるものである。書店の売上高は政府の統計局の資料による。出版点数と平均定価の統計は取次店ベイカー＆テイラー社のデーターベースによるものである。イギリスの出版統計は出版者協会（PA）の『UK ブックインダストリー・イン・スタティスティックス』と出版業界誌『ザ・ブックセラー』による。ドイツはドイツ書籍業者協会発行の『出版統計年鑑』に拠る。フランスはフランス文化省の『エコノミー・ドゥ・リーヴル』と SNE（全国出版社同業組合）の統計である。市場調査会社（GfK）の場合もある。中国は『中国全国出版統計』である。台湾は『台湾出版年鑑』（2013年が最後，現在は『新刊出版統計』）である。韓国は大韓出版文化協会発行の『出版物新刊統計』による。

Ⅰ　記録

　一口に統計というが，国際的な場合は大変な仕事である。データは専門機関によって収集整理され，まとめられるものであるが，これは労力と時間を要する作業である。その理由の一つは継続が求められるからである。その点，我が国は恵まれた環境にあった。出版ニュース社が永年専門に継続して資料収集してくれたからである。このほか，出版科学研究所，国会図書館等，本の発行に関するデータを収集・保存する機関があることは幸いである。

　前記したように，各国のデータ管理機関は国によって異なる。先進国といえども出版専門のデータ収集，保存機関は少なく，かつ継続性に問題が多い。

　データ先進国はアメリカ，ドイツ，イギリス，フランス，イタリア，スペイン，ハンガリーだと思う。韓国も先進国並みのデータ管理をしていたが，最近は発表にムラを感ずる。ロシア，中国は社会主義国というお国柄，発表が遅く，また不定期である。オランダ，ポーランド，ポルトガルは出版中堅国であるが，発行点数や輸出入のデータ発表に定期性が感じられない。

　出版意識の高さはヨーロッパの各国の出版点数に表れている。北欧四国（デンマーク，スウェーデン，フィンランド，ノルウェ），バルト三国（ラトヴィア，エストニア，リトアニア）も出版点数は多い。中欧のルーマニア，オーストリア，ベルギー，ユーゴスラビア，クロアチア，スロヴェニアなどにも出版活動に積極性が見られる。ギリシャはムラの多い出版活動を感ずる。

　アジア地区はまだ出版の後進性から抜け出していない。出版点数を活発度の基準にして順番にみてくると，マレーシア，タイ，インド，スリランカ，トルコ，ベトナム，フィリピン，インドネシア，ミャンマーであろうか。

　南米ではブラジル，アルゼンチン，チリーの活動が見られるが，それ以外のメキシコ，コロンビア，キューバ，コスタリカはいまいちの状態である。

　アフリカでは南アフリカの活動だけが目立ち，エジプト，チュニジア，モロッコに活気がない。

国際出版統計の危機

　平成30年間の国際的な出版データを見ると，平成17年頃を境に，データの集

まりが悪くなっている。20世紀の優等生国が，現在はデータ不提出国となり，データの比較が出来ない。前述のとおり，平成12年まではユネスコが各国の出版データをまとめ，報告してくれていた。現在はジュネーヴの国際出版社連合（IPA）が加盟各国から報告を受け，まとめた出版統計を公開している。表をみれば一目瞭然，平成前半はデータがよく集まり，各国を比較し易かった。ところが，データ制作がユネスコの手を離れると，急激に集まりが悪くなっている。協力度の欠如か，出版沈滞の影響なのか。

　北欧四国，バルト三国と中欧の出版中堅国は軒並みデータ不在国となっている。アジア地区は全滅状態である。台湾の協力度が目立つ。南米はアルゼンチン，ブラジルのデータが読める程度である。アフリカでは南アフリカの出版貿易活動がみられるが，データの提出は平成15年以降全くなされていない。

　世界各国の出版事情を知るためには，各国の出版点数，売上，輸出・入，翻訳事情等が必要である。現在，日本の出版界は海外に目をむける時期に迫られている。海外出版社とコラボしたいものである。そのためには各国の正確な出版データが無ければならない。

I 記録

表3.6 平成年間の世界

	元年	2年	3年	4年	5年	6年	7年	8年	9年	10年	11年	12年	13年	14年
アフガニスタン		2,795												
アメリカ				49,276	49,757	51,863	62,039	68,175	64,711					
アルゼンチン				5,628		9,065	9,113	9,850	11,919	13,156	13,149		13,148	9,914
オーストラリア	10,723					10,835				6,935		9,755	9,078	8,553
ベルギー	6,822	12,157	13,913								9,816	6,409	11,087	7,408
ブラジル				27,557	20,141	21,574	40,503	41,455	51,460		43,697	45,111	40,900	39,800
西ドイツ	65,980	61,015	67,890											
ブルガリア	4,543	3,412	3,260	4,773	5,771	5,925	5,400	4,840	4,790	4,950			5,000	6,018
チリー	2,350		1,966	1,820			2,496	4,975	2,093				2,582	2,385
コスタリカ						1,034								
中 国	74,973	73,923		92,972	100,951		110,283							
デンマーク	10,762	11,082	10,198	11,761	11,492	11,973	12,478	12,352	13,450	13,175	14,455	14,959	14,319	14,154
エジプト					3,108		2,215							
エストニア				1,557	1,965	2,291	2,635	2,628	3,317			18,000	3,506	3,458
ドイツ				67,277	67,206	70,643	74,174	71,515	77,889	78,042	80,779	63,021	64,618	59,916
東ドイツ	6,018													
フィンランド	10,097	10,153	11,208	11,033	11,785	12,539	13,494	13,104	6,652	6,826	7,000	7,561	4,221	3,966
フランス	40,115	41,720	43,682	45,379	41,234	45,311	42,997	46,306	47,214	50,937	49,808	51,877	54,415	60,258
イギリス				86,573		95,015	101,764	107,263	100,029	102,029	110,155		119,000	125,449
グルジア						314	1,104	581						
ギリシャ		3,255	4,066			4,134	4,225	5,364	5,914				6,726	7,430
インド	11,851	13,937		15,778	12,768	11,460	54,251	55,426	57,386					
インドネシア				6,303				4,018	5,000					
アイルランド										5,000		8,325		
アイスランド				1,649	1,327	1,429	1,522	1,527	1,695					
イスラエル				4,608										
イラン	6,289		5,018	6,822		10,753	9,716	15,073						
イタリア	22,647	25,068	27,751	29,351	30,110	32,673	49,080	51,134	45,844		52,262	55,566	33,430	56,624
ユーゴスラビア	11,339	9,797	4,049	2,618		2,799	3,531	5,367						
キューバ	2,199	1,858												
マレーシア	3,348	4,578	3,748		3,799	4,050	6,465	5,843		5,816				7,040
モロッコ												1,859		
モルドヴァ					354	797	1,016	921						
ミャンマー				3,785	3,660									
メキシコ	3,490	2,608					11,917	11,570	15,505					
日 本	39,698	40,576	42,345	45,595	48,053	53,890	58,310	60,462	62,336	63,023	62,621	65,065	71,073	74,259

146

3　30年の変遷

各国の出版点数

15年	16年	17年	18年	19年	20年	21年	22年	23年	24年	25年	26年	27年	28年	29年
			174,956	190,502	180,032	178,841	174,066	190,533	210,772	204,402	219,923	200,337	205,139	
14,091	18,502	17,825					22,781		26,367		28,010			
8,602											28,234			
7,860	7,967	6,961												
35,590	34,858					22,027	18,712		20,792					
5,511	6,000													
3,420	3,151	3,565												
			130,264	136,226	149,988	168,296	189,295	207,306	241,986	225,030	255,890	260,426	262,415	
14,843	15,017	13,227												
	14,829													
3,727														
61,538	74,074	78,082	81,177	96,479	94,276	93,124	95,838	96,273	91,100	93,600	87,134	89,506	85,486	
3,954	4,366	4,340	13,656											
55,302	60,972	61,761	57,728	60,636	63,601	63,690	63,052	64,367	65,425	66,527	68,187	67,041	68,069	
130,000	161,000		116,304	124,918	135,006	157,039	151,969	189,973	190,861	184,435	200,330	173,000		
7,253	7,511													
										90,000				
						24,000								
8,253														
3,893														
			6,866											
						61,000	65,000		53,958		72,871			
51,650	54,271	53,231		50,000			39,896		61,966					
	8,550					15,769		17,923		19,987		15,354		
			20,300											
75,530	77,031	80,580	80,618	80,595	79,917	80,776	78,354	78,863	82,204	82,589	80,954	80,048	78,113	75,412

147

Ⅰ 記 録

カナダ				22,208	21,701	17,931	19,900					
コロンビア						4,686	4,514	6,447	6,351			
カザフスタン			1,226		1,148	1,115	1,226					
クロアチア				2,094	2,671		1,718					
ラトヴィア			1,509	1,614	1,677	1,968	1,965	2,320	2,595	2,652	2,530	2,530	2,546
リトアニア			2,361	2,224	2,885	3,164	3,645	3,827			4,402	4,829
ニュージーランド							5,036		4,800	2,634	3,617
オランダ	15,392	13,691	15,997			18,123	17,544	17,235			17,000	19,061
ナイジェリア			1,562		1,314							
ノルウェー	5,331	3,712	3,884	4,881	4,943	6,846	7,265	6,900	5,022	5,032	5,219		5,754
オーストリア	3,202	3,740	3,786	4,986	5,628	7,987	8,222	8,056	7,291	7,487	6,487		7,809
ペルー			1,657	2,106	1,993	2,646	2,056	3,478				
フィリピン			1,016		1,233	4,445	3,770	5,093				
ポーランド	10,286	10,242	10,688	10,727	9,788	10,874	11,925	14,104	15,996	16,462			19,371
ポルトガル	6,527	6,150	6,430	6,462	6,089	6,667		7,868	8,331	9,196	10,708		11,331
ルーマニア	3,867	2,178		3,662	6,130	4,074	5,517	7,199					
サウジアラビア							3,900						
スウェーデン	11,197	12,034	11,866	12,813	12,895	13,822	12,700	13,496	13,210	12,547	3,683	3,607	5,328	3,489
スイス	13,270	13,839	14,886	14,663	14,870	15,378	15,771	15,371	12,435	9,924	13,694	10,904	12,156
シンガポール						3,000							
ソ 連	76,711		28,716	29,017	30,390	33,623	36,237	45,026	46,156				
スロヴァキア			3,308	3,285	3,481		3,800					
スロヴェニア			2,136		2,906	3,194	3,441	3,647	3,722		3,650	3,600
スペイン	38,353	36,239	39,082	41,816	40,758	44,261	51,934	50,159	54,943	60,426			66,780
スリランカ	2,188	2,455	2,535	4,225	3,204	2,929	3,933	4,115				
南アフリカ	6,696	4,950	4,836	4,738	4,751	4,574	5,418		5,592		34,961		
韓 国	39,267	39,330	29,432	27,889	30,861	34,204	35,864	30,487	27,313		36,425		
タ イ	11,217	7,783	7,676	7,626				8,142	8,000	12,000		11,965	10,174
チェコスロバキア	9,294	8,585	9,362	6,743	8,203	9,309	8,994	10,244	11,519	11,738	11,965	8,986	
チュニジア			1,165	539								
トルコ		6,291	6,365	6,549	5,978	4,473	6,275	6,546					
ウクライナ		7,046	5,857	4,410	5,002	4,882	6,225	6,460					
ハンガリー	8,631	8,322	8,133	8,536	9,170	10,108	9,314	9,193	8,941	10,626	8,986	8,837	9,990
ベネズエラ	3,166	3,175	3,461	3,879	3,934	3,660		3,468					
ウズベキスタン			1,267	1,340		1,200	1,003					
ヴェトナム			4,707	5,581								
白ロシア		2,823	2,432	2,364	2,926	3,346	3,205	3,809					
キプロス			900	942	1,040	1,128	930					

出典：『出版年鑑』1989年〜2018年，出版ニュース社。

148

3　30年の変遷

					12,334							
2,605	2,591	2,371	2,427		2,855							
	2,240	2,266										
					11,500				16,502			
3,967	4,633										10,204	
8,773	7,718	7,806										
						31,500		13,410		18,870	21,130	
	12,432	16,535	15,594									
				12,378	14,984							
4,039	4,246			34,320								
		102,268	108,791	123,336	127,596	121,738	122,915	116,888	120,512	112,126	112,647	117,707
	3,735											
72,048	60,492	63,551		86,370		44,000						
35,371		43,586	45,521	31,094	43,099	42,191	40,291	44,036	39,767	43,146	47,589	45,213
10,153	11,120				13,607							
16,451	15,749			18,520								
				31,414	34,863	43,100				50,742		
9,205	11,211			14,447			11,645					
				24,589								
		42,735	42,018	41,341	40,575	43,309			41,598	39,717	35,000	

149

I　記　録

出版社の従業員数

　出版社を J1, J2, J3 と売上額で分類した。J1 は年商10億円以上の出版社である。J2 は 4 ～10億円未満売上げの出版社である。J3 は 1 ～ 4 億円未満売上げの出版社である。この売上データは帝国データバンクの資料による。J1, J2 出版社については平成19年～平成29年まで発表している。J3 のデータは直近平成28年～平成29年である。今回これらの出版社の従業員数を調査した。データ資料は平成30年版『出版年鑑』によるものである。

　J1 出版社については，調査出版社201社で，従業員総数は 2 万7,915人であった。100人以上の企業は84社で J1 中41.8％である。1 位のKADOKAWAは傘下版元すべての従業員数である。2 位の栄光は雑誌『私立中・高進学通信』を発行している，資本金22億円の大企業である。受験産業に関わる全従業員1,303人と発表している。

　出版社が利益をあげるためには少ない社員，少ない経費で高い売上げをあげることである。労働効率の良い経営が望まれるのは当然である。今回の調査で従業員数が少なく，売上げの高い出版社を見ることが出来た。括弧内は従業員数である。

　偕成社（40），少年画報社（45），祥伝社（51），大修館書店（60），成美堂出版（60），日本文芸社（61），くもん出版（62），河出書房新社（73）等である。

　その反対に従業員数の多さが目立った出版社もあった。ラーンズ（155），淡交社（123），日本医療企画（100），誠文堂新光社（100）等である。現在，業界の年間新刊発行点数は 7 万5,412点（平成29年）である。出版社にとって新刊は売上げの源泉であり，激減するわけにはいかない。特に書籍発行を中心とした専門書版元においておやである。編集者 1 人あたり年間何冊を刊行するかは会社の至上命令であろう。粗悪出版物は読者に看破され売れない。短期間に良質出版物を制作しなければならない編集者は苦闘の連続であろう。活版時代と違

い重版に要する期間は短くなった。問題は初刷りを如何に早く売り切り，重版に持ち込むかである。新刊の時代性，タイミング，パブリシティ，広告等，新刊により多くの話題・注目を集めなければ重版にはならない。ここで編集と営業の共同作業がはじまる。編集者の機微が営業に伝わらなければ，市場で出版物が目立つことはできない。営業マンの取次窓口説得は第一次通過地点である。しかし委託による時代は終わった。版元から書店の息のあった販売戦略を進めることが大切である。

次に J2 マーケットを見てみよう。J2 出版社は163社で，従業員総数は3,925人であった。従業員分布は J1 とは大分異なる。売上規模が10億円以下であるから従業員数はぐっと少なくなる。

トップの大成出版社は昭和21年創業の老舗出版社である。法令出版社であるので人手を要することはわかる。同じ従業員数100人の出版文化社は昭和59年大阪・京橋で創業，堺屋太一も協力していた。現在は神田神保町に東京本部がある。資本金8,650万円の総合出版社である。多角経営であるため，出版だけの売上げは10億円と少ない。西日本法規出版が87人と多いのは法令出版社の宿命である。ザ・メディアジョンは広島で有名な多角経営のメディア会社である。

J2 出版社に共通することは，従業員数の回答が40人，30人，20人とアバウトな数字が多いことである。売上げに対して従業員数の多い慶應義塾大学出版会，近代セールス社，舵社50人等は，各社独自の事由があるのであろう。J2出版社163社のなかで10～20人台の出版社が95社で58.3％である。この辺が中心帯であろう。

J3 の出版社一覧を見て感ずることは，出版物を売ることは大変なことなんだと思う。有名・老舗出版社が2億円，3億円の売上規模である。出版は売上げではない。読者に感動を与えることが使命である。

日本最古の出版社の法藏館の売上げは3億3,000万円である。J3 出版社127社のうち，中心帯は10人台の出版社54社で，全体の42.5％を占めている。

I 記録

表3.7 J1（売上年商10億円以上）出版社従業員数一覧

	出版社名	人数		出版社名	人数		出版社名	人数
1	KADOKAWA	1,984	68	永岡書店	121	135	イーストプレス	50
2	栄光	1,303	69	日本標準	121	136	日本看護協会	50
3	講談社	924	70	桐原書店	121	137	商事法務研究会	50
4	集英社	787	71	開隆堂出版	120	138	新美容出版	50
5	新日本法規出版	778	72	ホビージャパン	120	139	羊土社	50
6	小学館	720	73	南江堂	120	140	ディスカバー21	50
7	ぎょうせい	548	74	大日本図書	118	141	エクスナレッジ	49
8	第一法規出版	546	75	徳間書店	117	142	バインターネット	49
9	東京書籍	500	76	技術評論社	108	143	音楽之友社	49
10	新潮社	497	77	ぶんか社	105	144	サンマーク出版	49
11	文藝春秋	347	78	一迅社	102	145	日本医事新報	48
12	PHP研究所	340	79	三栄書房	100	146	日総研	48
13	ハースト婦人画報	330	80	日本医療企画	100	147	クインテッセンス	48
14	KG情報	328	81	誠文堂新光社	100	148	商業界	47
15	新学社	322	82	シュプランガジャパン	100	149	大和書房	47
16	枻出版社	298	83	宣伝会議	100	150	ミネルヴァ書房	47
17	JTBパブリッシング	295	84	医歯薬出版	100	151	世界思想社教学社	45
18	光文社	289	85	翔泳社	97	152	リイド社	45
19	東洋経済新報社	269	86	プレジデント社	95	153	日本評論社	45
20	数研出版	260	87	白泉社	93	154	少年画報社	45
21	交通新聞社	258	88	東京法規出版	91	155	メディアソフト	45
22	中央法規出版	250	89	JAF出版社	91	156	柴田書店	43
23	SBクリエイティブ	250	90	幻冬舎	90	157	セブン＆アイ	42
24	学研教育みらい	232	91	有斐閣	90	158	潮出版社	42
25	NHK出版	231	92	帝国書院	89	159	平凡社	42
26	第一学習社	227	93	イカロス	85	160	白夜書房	41
27	宝島社	222	94	ネコパブリッシング	85	161	マキノ出版	41
28	医学書院	221	95	交通タイムス社	81	162	日本ジャーナル社	41
29	チャイルド本社	216	96	リットーミュージック	81	163	メディアックス	40
30	朝日新聞出版	213	97	実業之日本社	81	164	光言社	40
31	世界文化社	211	98	日之出出版	80	165	かんき出版	40
32	文溪堂	210	99	辰巳出版	80	166	笠倉出版社	40
33	光村図書出版	205	100	日本経済新聞出版社	80	167	偕成社	40
34	新興出版社・啓林館	205	101	新書館	80	168	日本出版社	38
35	インプレス・ジャパン	203	102	学校図書	80	169	マガジンマガジン	38
36	ポプラ社	200	103	ワニブックス	80	170	東京創元社	37
37	保健同人社	200	104	大蔵財務協会	80	171	アスコム	36
38	教育出版	200	105	ブティック社	80	172	白水社	36
39	ダイヤモンド社	200	106	デアゴスティーニ	80	173	マックガーデン	36
40	明治図書出版	194	107	筑摩書房	77	174	ウエッジ	35
41	マガジンハウス	192	108	河出書房新社	73	175	ニュートンプレス	35
42	東京法令出版	181	109	メディックメディア	73	176	文光堂	34
43	メディカ出版	180	110	文英堂	71	177	第三文明社	34
44	スターツ出版	174	111	オーム社	70	178	フォレスト	33
45	オレンジページ	170	112	中央経済HD	70	179	金の星社	30
46	ベースボール・マガジン社	170	113	秀和出版	70	180	NTT出版	30
47	税務研究会	162	114	日本スポーツ企画	70	181	池田書店	30
48	実教出版	156	115	駿台文庫	67	182	ブロンズ新社	30
49	経済法令研究会	156	116	たちばな書房	64	183	キルタイムコム	30
50	ラーンズ	155	117	CQ出版	63	184	洋泉社	30
51	育鵬社	150	118	社会保険研究所	63	185	あかね書房	29
52	双葉社	142	119	くもん出版	62	186	キネマ旬報	28
53	中央公論新社	146	120	日本文芸社	61	187	セールス手帖社	27
54	扶桑社	146	121	大修館書店	60	188	ミリオン出版	25
55	佼成出版社	144	122	成美堂出版	60	189	照林社	24
56	家の光協会	142	123	晋遊舎	60	190	童心社	21
57	高橋書店	140	124	尚文社	60	191	三修社	20
58	法研	139	125	三笠書房	60	192	ワック	20
59	岩波書店	139	126	芳文社	59	193	廣川書店	20
60	主婦と生活社	137	127	日本文化出版	54	194	河合出版	20
61	文芸社	135	128	芸和社	54	195	英和出版社	20
62	秋田書店	135	129	祥伝社	51	196	ほるぷ出版	17
63	主婦の友社	134	130	青春出版社	50	197	オークラ出版	16
64	ゴルフダイジェスト社	129	131	角川春樹事務所	50	198	産経出版	16
65	CHINTAI	129	132	朝日出版	50	199	内外出版	15
66	福音館書店	124	133	鈴木出版	50	200	海王社	10
67	淡交社	123	134	研究社	50	201	日本文教出版	10

出典：『出版年鑑 2018』出版ニュース社。

表3.8　J2（売上年商4〜10億円）出版社従業員数一覧

	出版社名	人数		出版社名	人数		出版社名	人数
202	大成出版社	100	257	財界さっぽろ	26	312	金星堂	16
203	出版文化社	100	258	モデルアート	26	313	裳華房	16
204	西日本法規出版	87	259	綜合図書	26	314	民事法研究会	16
205	ザ・メディアジョン	64	260	日本聖書協会	26	315	鹿島出版会	16
206	薬事日報社	51	261	鋼構造出版	25	316	医学通信社	16
207	美巧社	50	262	一二三書房	25	317	彩流社	15
208	法曹会	50	263	化学同人	25	318	キューブリック	15
209	新建築社	50	264	東洋館出版	25	319	彩図社	15
210	慶應義塾大学出版会	50	265	サンクチュアリー	25	320	ソーテック	15
211	近代セールス社	50	266	電気書院	25	321	厚生労働統計協会	15
212	舵社	50	267	草月文化事業	24	322	こぐま社	15
213	日本工業出版	45	268	金子書房	24	323	医薬情報研究所	15
214	ステレオサウンド	45	269	日本教文社	24	324	日本図書センター	15
215	綜合ユニコム	43	270	医薬ジャーナル	24	325	大誠社	15
216	清水書院	40	271	みすず書房	24	326	みくに出版	15
217	時事通信社	40	272	三輪書店	24	327	東邦出版	14
218	コロナ社	40	273	百日草	24	328	明日香出版社	14
219	アスク出版	40	274	太田出版	24	329	北海道協同組合通信社	14
220	音元出版	40	275	ダイヤモンドリテルメディア	24	330	ナカニシヤ出版	13
221	婦人の友社	40	276	青幻舎	23	331	現代書館	13
222	東京化学同人	40	277	英俊社	23	332	交友社	13
223	自由国民社	40	278	晶文社	22	333	二玄社	12
224	二見書房	40	279	教育図書	21	334	選択出版	12
225	日正出版	39	280	神宮館	21	335	ひさかたチャイルド	12
226	創元社	37	281	勁草書房	21	336	潮書房光人社	11
227	三才ブックス	35	282	求龍堂	20	337	一水社	11
228	学陽書房	35	283	大日本絵画	20	338	日東書院本社	10
229	第一プログレス	35	284	日本カメラ社	20	339	ブックマン社	10
230	芸術生活社	34	285	ソル・メディア	20	340	東京堂出版	10
231	グラフィック社	33	286	弘文社	20	341	清風堂書店	10
232	スリーエーネットワーク	33	287	水中造形センター	20	342	ロングセラーズ	10
233	春秋社	32	288	教育画劇	20	343	凡人社	10
234	メディカルサイエンス	32	289	総合法令出版	20	344	判例タイムズ社	10
235	すばる舎	31	290	星和書店	20	345	富士見書房	9
236	ビーエービージャパン	30	291	医学出版	20	346	健康ジャーナル社	8
237	ときわ総合サービス	30	292	理論社	20	347	科学技術出版	8
238	南雲堂	30	293	トランスメディア	20	348	ジーウォーク	8
239	吉川弘文館	30	294	カンゼン	20	349	スコラマガジン	8
240	飛鳥新社	30	295	トランスワールド	20	350	エムジーコーポレーション	8
241	リックテレコム	30	296	へるす出版	20	351	インテルフィン	7
242	中外医学	30	297	東京出版	20	352	汐文社	7
243	立花書房	30	298	アミューズメントプレスジャパン	20	353	ヒカルランド	6
244	あさ出版	30	299	東京医学	20	354	茜新社	6
245	国書刊行会	30	300	麻布出版	20	355	共文社	5
246	国際商業出版	30	301	ライフサイエンス	20	356	学生社	5
247	診断と治療社	30	302	廣済堂出版	20	357	ティアイネット	5
248	共立出版	30	303	ゆまに書房	19	358	近代出版	5
249	中山書店	30	304	原書房	19	359	久保書店	4
250	女性モード社	29	305	建帛社	19	360	メディアパル	4
251	つり人社	29	306	音楽と人	18	361	フォーイン	4
252	秀学社	29	307	べれ出版	18	362	セブン新社	3
253	生活の友	28	308	博文館新社	18	363	日本臨状社	3
254	赤ちゃんとママ	28	309	フォーユー	17	364	一ツ橋書店	2
255	産報出版	28	310	WAVE出版	17			
256	明治書院	27	311	現代書林	16			

出典：『出版年鑑 2018』出版ニュース社。

Ⅰ　記　録

表3.9　J3（売上年商1〜4億円）出版社従業員数一覧

	出版社名	人数		出版社名	人数		出版社名	人数
365	アルク	326	408	大月書店	14	451	技報堂出版	8
366	社会保険研究所	63	409	文一総合出版	14	452	白揚社	8
367	八木書店	50	410	白川書院	13	453	論創社	8
368	西北出版	45	411	金剛出版	13	454	産業図書	8
369	北隆館	40	412	二宮書店	13	455	冨士教育出版	8
370	東京学参	36	413	ぱる出版	13	456	東信堂	8
371	松文館	35	414	語学春秋社	12	457	体育とスポーツ出版	8
372	愛鳩の友社	34	415	一季出版	12	458	英治出版	8
373	視覚デザイン研究所	30	416	かもがわ出版	12	459	ビジネス社	8
374	彰国社	30	417	リベラル社	12	460	おうふう	8
375	美術出版社	30	418	京都大学出版会	12	461	光村推古院	8
376	栃の葉書房	28	419	東山書院	12	462	井上書院	8
377	宮帯出版社	25	420	くろしお出版	11	463	八坂書房	7
378	わかさ出版	25	421	絵本館	11	464	昭和堂	7
379	成山堂書店	25	422	武蔵野美術大学出版	11	465	不二出版	7
380	京都書房	23	423	ベストブック	11	466	風間書房	7
381	税務経理協会	22	424	思潮社	10	467	市ヶ谷出版	7
382	工学社	20	425	中央公論美術出版	10	468	汲古書院	7
383	かまくら春秋社	20	426	語研	10	469	建築技術	7
384	法律文化社	20	427	檜書店	10	470	ごま書房	7
385	学芸出版社	20	428	旬報社	10	471	文永社	6
386	時評社	20	429	ハート出版	10	472	杏林書院	6
387	臨川書店	20	430	旅行出版	10	473	サンガ	6
388	北大路書房	19	431	財経詳報社	10	474	アチーブメント出版	6
389	金芳堂	19	432	日栄社	10	475	文林堂	5
390	法藏館	18	433	克誠堂	10	476	三共出版	5
391	同文書院	17	434	ぺりかん社	10	477	岩崎学術出版	5
392	藝術新聞社	17	435	国土社	10	478	永田文昌堂	5
393	養賢堂	17	436	東洋書林	10	479	築地書館	5
394	マール社	17	437	労働教育センター	10	480	日経サイエンス	5
395	日貿出版社	17	438	青林書院	10	481	金園社	5
396	日科技連	16	439	藤原書店	10	482	ジャパンマシニスト	5
397	現代ギター社	16	440	法学書院	10	483	駿河台出版	4
398	造形社	16	441	判例時報社	10	484	柊風舎	4
399	海文堂出版	15	442	昇龍堂	9	485	大都社	4
400	地人書館	15	443	近代消防社	9	486	理工企画室	4
401	公論出版	15	444	至光社	9	487	エール出版社	4
402	晃洋書房	15	445	アリス館	9	488	若生出版	4
403	誠信書房	15	446	法政大学出版局	9	489	産学社	3
404	合同出版	15	447	産業能率大学出版部	9	490	創樹社	3
405	六耀社	15	448	青弓社	9	491	自然社	2
406	東京書店	14	449	フィルムアート	8			
407	東邦出版	14	450	ひつじ書房	8			

出典：『出版年鑑 2018』出版ニュース社。

表3.10　年商別出版社の従業員分布

J1（10億円以上売上げ）	従業員数	出版社数	人数
	300人以上	15社	10,254人
	200人台	24社	5,565人
	100人台	45社	6,097人
	50〜99人	56社	3,891人
	30〜49人	44社	1,770人
	10〜29人	17社	338人
小　計		201社	27,915人
J2（4〜10億円売上げ）	従業員数	出版社数	人数
	50人以上	11社	702人
	40人台	12社	493人
	30人台	25社	796人
	20人台	53社	1,219人
	10人台	42社	600人
	10人以下	20社	115人
小　計		163社	3,925人
J3（1〜4億円売上げ）	従業員数	出版社数	人数
	30人以上	11社	719人
	20人台	12社	268人
	10人台	54社	698人
	10人以下	50社	327人
小　計		127社	2,012人
総　計		491社	33,852人

出典：『出版年鑑 2018』出版ニュース社。

Ⅰ　記録

平成年間に消えた出版社・取次・書店

出版社について

　平成30年間にどのくらいの出版社が消えたのであろうか。トータルでは132の出版社が消えている。ただし，消えた意味には二通りある。倒産と廃業である。倒産は自己破産である。廃業は自主廃業であり，理由はこれから先が見込めないものや経営者死亡等である。廃業は14社である。

　老舗版元の大明堂が平成16年に85年の歴史を閉じている。地理・地政学の専門出版社で有名であった。社長の神戸祐三の業界貢献度の評価は高い。廃業にあたり60点の資産を原書房に委譲したことは業界美談である。

　時系列に見ると平成5年に『サザエさん』の版元である姉妹社が廃業している。前年5月に長谷川町子が死亡したためである。平成10年に三田出版会が出版事業から撤退している。これは親会社の三田工業の倒産に伴うものである。平成11年に二期出版が会社を清算し，産学社に営業権を譲渡している。平成16年の大明堂の廃業は前述した通りである。平成19年に嶋中書店が廃業している。同年にチクマ秀版社が廃業している。平成22年に理論社が日本BS放送に事業譲渡したが，理論社の社名は残った。平成23年に編書房が解散している。同社は出版関係の本を多く出版していたので，業界人には馴染があった。旭川市に移転したが，返品があれば星雲社まわしで引き取る処置で，良心的（？）な廃業と見られている。自主廃業・解散等であるため，負債額の申告は少ない。

　次に倒産出版社の倒産時期・ジャンル・負債額（倒産規模）について見てみよう。倒産出版社には有名版元，一時代をリードした出版社，老舗版元など，名を惜しまれる版元が数多くある。激動の平成であったことがわかる。特に平成前期，6〜12年は大手取次・中堅取次・神田村にとっては受難の時期であった。平成中期は出版社の魔の時期だったのである。書籍・雑誌が史上最高に売れた平成前期4年〜10年の倒産件数は15社しかなく，全体の11.4％にすぎない。

ジャンルで多いのは文芸，総記など，一般書の24社である。平成11年サイマル出版会，12年小沢書店と出版理念に燃えていた両社が倒産している。同じ頃11年に図鑑のトップ企業であった保育社が経営に行き詰まり，翌12年には大阪を地盤にした老舗出版社で書店も経営していた駸々堂（学習参考書・新書の版元）が倒産している。平成14年にダットサン民法で有名であった一粒社が，社会思想社（負債6億8,000万円）が，平成17年にはメタローグ（同1億2,700万円），東京布井出版，武田ランダムハウスジャパン（同9億2,600万円），六法出版社（同7億円），全国加除法令（同17億円），チクマ秀版社，夏目書房，出版開発（同2億円），ヨルダン社（同1億円），五月書房（同3,000万円），ブレーン出版（同6億9,000万円），新思索社（同5,090万円），ゲーテ書房（同2億2,000万円），東洋書店，近藤書店（同3億円），MOKU出版（黙），創樹社（同2億2,700万円），旧ほるぷのHMB（同2億6,000万円）等がある。

雑誌出版社の倒産も多く25社ある。時代反映の先端を行く雑誌は，時代受けも早く多いが，流行も短く読者離れも早い。

平成26年に倒産したインフォレスト（同30億円）は『小悪魔ageha』『姉ageha』等を発行し，若い女性に受け，一世を風靡した。社員80人の中堅版元であった。その他にスキー雑誌のノースランド社（同4億8,000万円），『ぴあ』と並んで有名であった『シティロード』のエコー企画（同2億4,000万円），子どもに大人気の勁文社（25億円），洋画雑誌で『キネマ旬報』と双璧であった『SCREEN』発行のケーイー（同9億5,000万円），クラシック専門の音楽専科社，東京音楽社（同6億4,600万円），『週刊釣りサンデー』，やアダルト雑誌の平和出版（同10億6,000万円），官能小説の多かった東京三世社，『マガジンBE×BOY』で売れたビブロス（同32億円），海洋雑誌のマリン企画等がある。

大正11年創業で『世界画報』を発行していた大出版社であった国際情報社（負債80億円）も平成7年に倒産している。コミック誌の蒼馬社（同1億9,700万円），アミカル（同2億9,200万円）。アダルト誌の雄出版（同6億5,000万円），青空出版（同3億5,400万円）。子ども向け雑誌『げーむじん』のティツー出版（同8億円），その他新風舎（同2億6,000万円），ピクトプレス（同1億4,500万円）も

I　記録

ある。

　雑誌社の倒産で共通していえることは，負債額が大きいことである。実用書系版元も28社と多い。かつて書店店頭を賑わせた版元が目白押しである。出版の難しさは継続することであるが，その闘いに敗れた勇士は次の通りである。

　平成5年スタイル社（3億5,000万円），6年鎌倉書房（同36億円），11年京都書院（？），光琳社出版（9億8,800万円），日本写真新聞社（11億円），13年東京音楽書院（4億円），同文書院（医学書），さくら（2億2,000万円），ワラジヤ出版（7億5,000万円），14年柴田書店（41億円），同朋舎（2億円），梧桐書院（4億円），15年婦人生活社（28億円），セルフケア（1億6,000万円），16年健友社（1億7,000万円），18年日東書院（31億1,000万円），ナウカ，19年桃園書房，生活情報センター，21年雄鶏社，MPC，22年アド出版（1億4,000万円）23年ミロブロック（1億2,000万円），25年人文社（2億5,800万円），26年同朋舎メディア（6億3,400万円），27年美術出版社（26億2,000万円），パッチワーク通信社（7億7,900万円），28年坩燈社（『航空情報』発行），福昌堂（1億6,300万円）である。

　上記は実用書の出版社であるが，いずれも特定ジャンルのトップ企業が多い。

　教科書，教育書関係出版社は8社である。「銀行は潰れない，教科書会社も潰れない」と信じ切っていた考え方は平成の時代では通用しなかった。

　平成14年創樹社（2億2,700円），11年秀文出版（10億9,600万円），14年あゆみ出版（8億円。松田貞男社長は教育書業界ではリーダーであった）。16年日本書籍（教科書メーカーとして国語，社会科で業界の一角を担っていたが，負債8億8,500万円で倒産した。教科書発行権は他社に譲られた）。19年あおば出版（13億6,000万円），20年には教科書出版社の大阪書籍が経営不振で営業停止。教科書の版権を日本文教出版に譲渡している。24年吉野教育図書（17億円），27年国土社（3億円。この出版社は教育書，児童書版元として実績は多かった。現在は新社で事業は継続されている）。

　平成初期はパソコンのハードが年間1,000万台売れた時代であった。当然コンピュータ書も売れ，出版業界内でコンピュータ書のシェアは認識され，書店の常置本となった。『サルにもわかるパソコン入門』（ジャパン・ミックス）は当

時，大ベストセラーとなり，流行語にもなった。

　しかし，平成10年，そのジャパン・ミックスは14億円の負債で倒産している。当時パソコン書といえばアスキー，ソフトバンク，技術評論社など競争が激しかったが，エクスメディアの『超図解シリーズ』は大人気を博し，書店の平台の常連であった。しかし，この出版社も平成19年に負債15億円で倒産している。この年，パソコン書関連3社，バウスターン（2億9,000万円），ピークス（2億5,000万円）は倒産している。

　昭和から平成にかけては書店の大変革期であった。駅前立地，商店街の立地から郊外にシフト換えをした。商品構成のなかにレンタルビデオが付加され，郊外型書店は潤ったのである。ビデオソフトのメーカーであった大陸書房は一人勝ちの状態であった。しかし，この夢も長続きせず，平成4年に負債65億円の大型倒産をした。当時社員は120人いた。

　高度経済成長時代に躍進したジャンルに理工学書がある。その中心団体が工学書協会であった。その協会の先駆者であり，重鎮であった3社が消えてしまったことはさびしい。平成6年啓学出版（8億7,900万円），19年山海堂（17億円），21年技術書院（1億円），22年工業調査会（8億6,400万円）の，いずれも大型倒産している。

　この他ではユニークな出版活動をしていたどうぶつ社が24年に廃業，建築書専門出版社の霞が関出版社も24年に廃業している。

　ビジネス書では有名な社長2人の会社が消えている。業界にいつも新風と熱気を送ってくれていた経営実務出版の伊藤英雄社長が平成13年に亡くなり，廃業した。もう一人は経林書房の増井勤社長である。「若葉会」という中小出版社の若手営業マンを育成する会を主宰し，優秀な人材を育て，業界に送り込んでいた。しかし，18年に負債額2億円で倒産してしまった。惜しいの一言である。

　前述したが二期出版は営業権を産学社に譲渡し，平成11年に会社を清算している。6年海南書房（1億円），11年青人社（3億円），投資のハウツー本出版社の東京株式評論社（1億4,500万円）が23年に，『銀行時評』誌発行の銀行時評

I 記録

社（2億3,000万円），貿易之日本社（1億7,800万円）が14年に倒産している。

　子どもの本では平成26年に長崎出版が倒産している（12億1,099万円）。当時長崎出版は『こびと大百科』で大ブレークしていた版元である。幼稚園児向きの本を多く出版し，その他料理・旅・健康・エッセイ等の本も出版していた。同年にひくまの出版（2億8,567万円）も倒産している。同社は課題図書に選ばれることの多い版元であった。前述したが22年に理論社が営業権を日本BS放送に譲渡している。

　学習参考書の版元の倒産も多い。少子化が影響している。数学で有名な聖文社は14年に転んだが，今は新社で頑張っている。大型倒産では朋友出版（10億2,100万円，平成23年）がある。文理書院，新興出版社とともに，新学期には教科書準拠版の参考書で店頭を賑わしてくれた参考書であった。同様に教学研究社（6億円）は小学生ドリルの扱い量が多かった。受験研究社と肩を並べていた時代もあったが，少子化には勝てなかった。20年には長野の教育書籍が倒産している。各県教科書供給所を社の販売ルートとして使うことが多かったので，配布先は多かった。その他，25年に学習参考書の池田書店が自主廃業している。26年に中央図書新社（1億6,000万円），28年に育文社（1億6,000万円）が倒産している。

　地方出版社として有名であった長野の銀河書房が2億円の負債で9年に倒産している。同じく直木賞作家を輩出したことで有名になった名古屋の海越出版社は11年に負債2億4,000万円で自己破産している。平成20年に会津若松市で活発な出版活動をしていた歴史春秋出版が倒産している。

　平成の企業経営の失敗について長々と書いてきた。こうして見てみると，平成出版史を彩ってくれた出版社が多い。不幸にして出版を止めざるを得なくなった人がほとんどだと思う。時代の波と資金繰りの波長が合わず倒産の憂身をみたのである。消えた事業もあるが，一時的な転びで再起している事業もある。第三者に譲渡し事業所名が継続されている会社もある。

　終末時の処理の形態はいろいろである。消えた版元，転んだ版元，残った版元，撤退した版元等がある。また，逆境を乗り越え，現在，業界活動をされて

いる方は結構いる。ただ経営の失敗は当事者にとっては恥部であり，触れられたくない気持ちだと思う。しかし平成出版史の一端として残さなければならぬことだと考え，記した次第である。お赦しいただきたい。

取次について

　取次会社の倒産は平成中期の前半部分に集中している。前期10年間，平成元年〜11年までは波静かである。この間は書籍・雑誌が売れたからである。しかし，上期末から下降現象がはじまり，返品率も上昇，取次の経営環境が悪化してきた。平成11〜17年に集中して取次受難が起こった。時系列で見てみよう。

　平成5年に中央洋書が4億円で破産した。同年，こどものとも社が4億円の負債で倒産。10年にアジア図書センターが7億7,000万円で破産している。同社はもともとは平凡社販売東京であって，現社名になったのは平成8年である。

　21世紀に入り，連続倒産がはじまった。前兆は11年柳原書店の倒産である。柳原は江戸中期正徳3（1713）年に創業している。大阪西区に本社があり，東京都・京都府・福岡県に拠点を置いていた。設備投資の借入れの金利負担で資金繰りが悪化，負債36億円で倒産した。

　平成12年日販が赤字決算となり，165億円の不良債権（積文館書店49億円，駸々堂書店30億円，静岡谷島屋9億円を含む）を発表した。しかし，土地売却，4支社を閉鎖，163人リストラ，事業所の再編成，有価証券の売却など，抜本的な改善が成功し，赤字はこの年だけにとどまった。それ以後は積極的な営業力でトーハンを引き離した。菅徹夫，鶴田尚正両社長は日販を救った中興の祖であり，名経営者といえる。

　同年に北隆館が18億円の負債で倒産した。図鑑で有名な北隆館は姉妹会社で現存する。

　13年の鈴木書店の倒産は業界に大激震を与えた。同社は岩波書店をはじめ，人文・社会科学系の出版社の専門書を大手書店・大学生協を中心に流通させた。負債額は40億円といわれる。社員は61人，債権出版社は約300社であった。

　鈴木書店の倒産は多くの問題を業界に露呈した。高正味・内払いや大手・老

Ⅰ 記 録

舗版元優遇に対して，低正味・支払保留・中小出版社の差別取引が明確になった。倒産の背景には取次の企業間競争も指摘された。赤字の直接要因は粗利が7.2%しかなかったことである。トーハン11.29%，日販11.18%を見れば，経営に対する苦慮がうかがわれる。

　同年，学習参考書取次の文教商事が負債額7億円で倒産した。14年三洋出版貿易は6億2,200万円で倒産，神奈川図書は41億7,000万円の負債で倒産した。神奈川図書の田坂鑛士社長は鋭利社長といわれていた。しかし英会話スクール，パソコンスクールの経営に失敗し，廃業に追い込まれた。

　15年に日新堂書店が1億2,000万円の負債で倒産した。16年に親和会が倒産した。この会社は神田村の出版社・書店の共同出資による取次だった。17年安達図書が自主廃業した。同年根橋書店も廃業している。同社の取引先は三越，高島屋書籍部であった。実用書をよく売った取次であった。名古屋の三星は10億円の負債で自己破産した。中部・関西地区に学習参考書・地図を供給していた。また福岡の金文図書が負債額23億円で倒産している。20年には洋書の輸入大手である日本洋書販売が自己破産している。22年には洋書卸の国際書房が倒産している。

　24年に神田村で文藝・文庫・辞典の取次であった樋口書店が廃業した。25年にビジネス書供給で有名であった明文図書が廃業している。同社には95年の歴史があった。この頃，書店業界には倒産の嵐が吹いていた。この影響が取次に出た。これは書店の中心商品が雑誌であり，雑誌の売上不振が取次に打撃を与えたのである。当然中堅取次が影響を受けた。

　平成も最終段階で取次の大型倒産が続き，出版業界の不安定感は増すばかりであった。日販とトーハンの二大取次は運送費で悩み，第三位の大阪屋は出版業界以外の楽天に経営権を握られ，方向性が見えない。現在も業界全体の不安要素を取り除く方策は見つかっていない。

　栗田出版販売は負債額135億円で平成27年に倒産した。取次では過去最大の倒産である。24年から経常利益・当期純利益が赤字になり，本社の売却，リストラ，大阪屋との業務提携，物流の合理化等を図ったりしたが実らず，経営破

綻した。

　取次第5位の太洋社は平成28年に負債額76億円で破産した。「コミックの太洋社」といわれ，業界評価は高かった。しかし近年の出版不況の影響を受け，業績が低迷した。中小書店の廃業，大手書店の帳合変更などがあり，当初は自主廃業の準備をしていた。しかし，売掛金回収が進まず，主要販売先の書店である芳林堂が破産したため，約8億円の焦付きが発生した。ここで自主廃業を断念し，自己破産となった。

　業界第3位の取次会社大阪屋は楽天の出資比率が51％となり，経営権を渡すかたちになり楽天の子会社になった。それ以降は決算は非公表となり，売上高もわからない。人事に関しても経営陣だけの発表で，現場サイドの部長・課長・係長は全く知らされていない。これでは書店の現場は誰に連絡したらよいかすらわからない。

書店について

　書店の廃業・閉店は，寂寥感が強い。廃業が話題になったり惜しまれるのは，その書店の存在感が大きいからである。平成30年の歴史のなかで，全国で多くの書店が閉店している。こうした書店は親の代からの老舗であり，顧客も親の代からのお得意さんである。家族同様のつき合いで，親近感があり，書店とともに育った人が多い。これが老舗といわれる所以である。

　閉店を時系列に見てゆくと，平成4年に福井市の品川書店が閉店した。創業明治12年であるから，113年の歴史を閉じたわけである。社長の品川一郎は読売巨人軍の総帥をつとめる有名人であった。明治時代からの教科書販売店として知られたが，売上低下に勝てず廃業してしまった。

　平成9年には有名書店4店が店を閉めている。神田神保町の冨山房は出版部を残し，書店部門を閉めた。福岡・小倉市の金栄堂は負債額2億円で倒産した。札幌の八雲書房は1億3,000万円で店をたたんだ。福島県白河市の松坂屋書店は1億4,000万円の負債で倒産した。

　平成10年には八王子市の鉄生堂が8億5,000万円の負債で店を閉じている。

Ⅰ 記録

鉄生堂は駅前でくまざわ書店，三成堂書店と覇を競ったが闘いに敗れたというべきだろうか。

東京・青山の住宅街のなかで絵本・子どもの本専門店として有名であった童話屋もこの年に閉店している。児童書作家の落合恵子さんがサポートしていた書店である。市ヶ谷のデザイン専門学校であった山脇服飾美術学院は九段通りで山脇ブックガーデンを経営していた。筆者もよく立ち寄った。繁盛店に見えたがこの年に店を閉じている。

翌11年は大型書店が3店廃業している。金沢・香林坊で人気の高かった北国書林本店である。大阪市の駸々堂は書店と出版社経営で有名であった。前年に西宮に1,000坪の超大型書店を出店させたが，軌道に乗る前に倒産した。名古屋の竹中書店も88年の歴史を持っていたが，負債額5億円で自主廃業している。大阪・八尾市の西川書店は9億円の負債で倒産した。

21世紀に入り，平成13年に水戸市の鶴屋が倒産している。負債額は35億円と大きかった。呉服商を大正13年に創業し，戦後書店も併営した。最盛期は同市川又書店と競合していた。

神奈川県でチェーン書店として有名であった内田屋書房は15店舗のうち12店を文教堂に売却した。書店のM&Aの走りである。

仙台市ご三家（金港堂，宝文堂，高山書店）で頭一つ出ていた高山書店が42億円の負債で倒産した。沖縄那覇の一番店だった文教図書は27億円の負債で倒産した。書店新風会の会員であった。

14年は川崎市を代表する書店だった文学堂が負債6億円で倒産している。社長の小泉敏郎・節哉親子で地域文化に貢献したが，残念である。東京都の神田駅前の前田書林は，後発のブックファーストと5％のポイント合戦をし，破れ閉店している。

15年も廃業が多い。書店新風会の会長をした夜久義重社長の新興書房（姫路市・負債額21億円）が倒産。岐阜の名門書店の大衆書房が3億5,000万円の負債で業務を停止している。同店は郷土出版を手広く行い，岐阜県の郷土書を一手に担っていた。滋賀県草津市の老舗である村岡光文堂も9億円の負債で消えて

いる。村岡甚五郎社長は県理事長も務め，書店新風会会員だった。

　東京・銀座4丁目のユニーク書店であった近藤書店はこの年閉店している。神戸市の三宮ブックスも閉店。名古屋の池下三洋堂は大型店舗をオープンさせたが4億円の負債で民事再生に追い込まれた。

　16年は函館の一番店だった森文化堂が8億円で倒産，書店新風会会員であった。社長の金子金四郎は若い頃，実業之日本社で修業をしていた。東京都台東区の丸越書店も廃業している。社長の影山稔は出版物小売業公正取引協議会の専務理事であった。

　18年に岩手県花巻市の誠山房が負債額17億円で閉店。同年尾道市の啓文社の営業も75年の歴史を閉じ，日販傘下に入った。書店新風会会員だった下関市の中野書店も幕を閉じている。東京では自由が丘の自由書房が閉店，池袋の新栄堂が本店を閉じている。

　翌19年も有名書店の閉店が続く。文化都市・松本市の鶴林堂書店が5億円の負債で自己破産した。社長の小松平十郎は昭和30年代に書店新風会を設立，地方書店の雄を集め，初代会長をつとめた。閉店は創業から117年目である。北杜夫がよく通った書店で，彼の作品に登場してくる書店であった。石川県・野々市市の王様の本が21億9,300万円で自己破産している。本・雑貨・革製品を扱う郊外型書店で，全国のやる気のある書店が一度は見学に行った素晴らしい書店であった。駐車場管理が上手い書店だった。藤川正克社長が急逝し，奥様が頑張ったが長続きしなかった。青森県黒石市の祖父尼書店もこの年店を閉じている。社長の祖父尼栄一はトーハン会の青森県会長をされていた。

　21年は青森市の岡田書店が閉店している。社長は県書店組合青年部長であった。

　22年には新潟市・北光社が7億円の負債で112年の歴史を閉じた。筆者も閉店の前日にお邪魔したが，閉店を惜しむ市民の寄せ書きと，短冊が210件もウインドウに飾られていた。地元テレビ・新聞も閉店を報じていた。同年長野・上田市のヒザワ書店も1億1,000万円の負債で店を閉じている。

　24年は大阪市阿倍野区の書肆おおさきやが閉店した。社長の大咲秀蔵はタウ

Ⅰ　記　録

ン誌の仕掛け販売に情熱を燃やした方で，地域社会の発展に貢献された。千葉県松戸市の駅前の大型書店・辰正堂書店が2億円の負債で倒産した。社長は県書店組合の理事もされていた。

　翌25年に業界のオピニオン・リーダーだった神戸市の海文堂が閉店した。100周年を目前に閉店した。児童・人文・古書の扱いなどで地元では大人気の書店で，全国的にも有名であった。海文堂の良さは発信の多かったことで，地域を代表する書店だった。今も発信は続いている。

　同年に札幌明正堂が1億5,000万円で倒産している。社長の山口智は上野明正堂と親戚関係にある。同年に苫小牧市進藤書店が自己破産している。

　26年淡路島の洲本市の成錦堂が1億円の負債で倒産した。谷崎潤一郎が執筆のため淡路島に滞在したとき，よく訪れた書店だった。山形県天童市のぶんぶん堂もこの年倒産している。地方では珍しく積極的な複合書店を経営していた。和歌山市の武田書店（創業明治8年），宮崎市のつまがり書店（創業大正4年，負債額1億円）の両店も自己破産している。

　27年には札幌市のくすみ書房が5億円の負債で倒産した。社長の久住邦晴は北海道書店組合の理事長をし，業界をリードしていた。なかでも有名な業績は"この本を読め"のブックリストを自らの手で作り，中学校に配布するなど，読書普及に貢献した。この業績は全国書店に伝播した。惜しい書店の廃業である。久住邦晴の書店根性は死後，『奇跡の本屋をつくりたい』（ミシマ社）のなかに生きている。

　28年も個性派書店・有名書店が4店倒産している。レベルの高い品揃えで有名な，池袋の芳林堂が20億7,500万円で倒産した。神保町の信山社の負債は1億2732万円であった。柴田信社長は本の街・神保町を盛り上げ，読書週間の神保町ブックフェアを成功させた人物であった。名古屋市の有力チェーン店・栄進堂書店は7億円の負債で倒産した。学園都市つくば市の有朋堂は取次の太洋社の倒産の影響で閉店した。

　平成年間に老舗書店の倒産・閉店は56店におよぶ。地方の有力書店が目立つ。書店新風会のメンバー店が多いことがその証である。個人書店は売上規模が大

きくなっても経営は脆弱である。ナショナルチェーンが進出するだけで危機にさらされる。都内においてもその経営環境は同じである。常にキャッシュフローに悩まされている。その要因は支払サイトが短いこと，粗利の少ないことが決定的な要因である。この利益構造が解決されないかぎり，書店には未来はない。

表3.11 平成年間に消えた出版社・取次・書店

	出版社（負債額）	取次（負債額）	書店（負債額）
平成4	六興出版（41億2,012万円） 大陸書房（65億円） 近藤書店（3億円） エコー企画（2億4,000万円）		品川書店（福井）
平成5	全国加除法令 出版開発 姉妹社 スタイル社（3億5千万円）	中央洋書（4億円） こどものとも社	
平成6	啓学出版（8億7,900万円） 鎌倉書房（36億円） 海南書房（1億円） 東京音楽社（6億4,600万円）		
平成8	国際情報社（80億円）		
平成9	銀河書房（2億円）		金栄堂（2億円） 八雲書房（1億3,000万円） 松坂屋書店（1億4,000万円） 冨山房（書店部閉店）
平成10	中央公論社（1,130億円）	アジア図書センター（7億7,000万円）	鉄生堂（8億5,000万円） 童話屋（青山）（閉店） 山脇ブックガーデン（市ヶ谷）（閉店）
平成11	サイマル出版会（50億円） 京都書院（22億円） 日本写真新聞社（11億円） 光琳社出版（9億8,800万円） ラッセル出版（2億6,000万円） 海越出版社（2億4,000万円） 秀文出版（10億9,600万円） 青人社（3億円） 新声社（14億円） マルゲ屋（6億円） 新声パブリッシンク（3,000万円）	柳原書店（36億円）	駸々堂書店（30億円） 竹中書店（5億円）

Ⅰ　記　　録

	保育社（2億6,000万円） マイストロ（2億5,000万円） 二期出版（廃業）		
平成12	小沢書店 駸々堂（135億7,500万円）	日販（赤字決算）	積文館書店（福岡）（49億円） 静岡谷島屋（静岡）（9億円）
平成13	ティツー出版（8億円） 東京音楽書院（4億円） さくら出版（2億4,000万円） 経営実務出版（廃業）	鈴木書店（40億円） 文教商事（7億円）	鶴屋（水戸）（35億円） 内田屋書房（12店文教堂に） 春苑堂本店（鹿児島）（閉店） 丸善シンガポール店（撤退）
平成14	柴田書店（41億円） 銀行時評社（2億3,000万円） ローカス（12億円） 勁文社（25億円） 同朋舎（2億円） 社会思想社（6億8,000万円） 創樹社（2億2,700万円） アミカル（2億9,200万円） 蒼馬社（1億9,700万円） あゆみ出版（8億円） 梧桐書院（4億円） 貿易之日本社（1億7,800万円） 一粒社（廃業） ワラジヤ出版（7億5,000万円）	三洋出版貿易（6億2,200万円） 神奈川図書（41億7,000万円）	文学堂（川崎）（6億円） 前田書林（神田）（廃業）
平成15	婦人生活社（28億円） ノースランド社（4億8,000万円） セルフケア（1億6,000万円） ヨルダン社（1億円） 週刊釣りサンデー（廃業）	日新堂書店（1億2,000万円）	新興書房（姫路）（21億円） 池下三洋堂（名古屋）（4億円） 村岡光文堂（草津）（9億円） 大衆書房（岐阜）（3億5,000万円） 近藤書店（銀座）（閉店） 三宮ブックス（神戸）（閉店） 芳林堂本店（豊島）（閉店） リブロ（豊島）（日販傘下）
平成16	日本書籍（8億8,500万円） 六法出版社（7億円） 健友社（1億7,000万円） 大明堂（廃業） 東京布井出版（倒産） 第三書館（倒産） ギャップ出版（倒産）	親和会，倒産	森文化堂（函館）（8億円） 青山BC（六本木）（倒産・洋販支援） 丸越書店（台東）（廃業） 大谷書店（岐阜）（倒産）

3　30年の変遷

平成17	メトローグ（1億2,700万円） おーぱす（1億737万円）	金文図書（23億円） 三星（10億円） 安達図書（廃業） 根橋書店（廃業）	
平成18	日東書院（31億1,000万円） 碧天舎（8億6,100万円） 経林書房（2億円） ビブロス（32億円） 平和出版（10億4,000万円） ナウカ（倒産）		誠山房（花巻）（17億円） 中野書店（下関）（6億5,000万円） 自由書房（自由が丘）（閉店） 新栄堂本店（池袋）（閉店） 啓文社本社（尾道）（閉店） アイエ（仙台）（うさぎや買収，廃業）
平成19	嶋中書店（4億9,200万円） 夏目書房（倒産） 山海堂（17億円） エクスメディア（15億円） 雄出版（6億5,000万円） あおば出版（13億6,000万円） バウスターン（2億9,000万円） ピークス（2億5,000万円） リーク社（倒産） 桃園書房（倒産） チクマ秀版社（倒産） 生活情報センター（倒産）		鶴林堂書店（松本）（5億円） 王様の本（金沢）（21億9,300万円） 祖父尼書店（黒石）（廃業）
平成20	歴史春秋出版（倒産） 教育書籍・長野 弥生書房（廃業） 大阪書籍（日本文教出版に吸収，廃業）	日本洋書販売（倒産）	
平成21	雄鶏社 MPC 技術書院（1億円） ナイタイ 草の根出版 ユーリーグ（96億円）		岡田書店（青森）（廃業）
平成22	工業調査会（8億6,400万円） アド出版（1億4,000万円） 新風舎（2億6,000万円） 東京三世社（倒産） 理論社（日本BS放送に売却）	国際書房（倒産）	北光社（新潟）（7億円） ヒザワ書店（上田）（1億1,000万円）
平成23	編書房（廃業） ピクトプレス（1億4,500万円）		

169

Ⅰ　記　録

	東京株式評論社（1億4,500万円） ブレーン出版（6億9,000万円） 朋友出版（10億3,100万円） ミロブックス（1億2,000万円）		
平成24	教学研究社（6億円） 吉野教育図書（17億円） 武田ランダムハウスジャパン（9億2,600万円） ジャパンブックス（1億5,000万円） どうぶつ社（廃業） 霞が関出版社（廃業） 天然社（廃業） 太陽閣（廃業）	樋口書店（廃業）	書肆おおさきや（大阪）（廃業） 辰正堂書店（松戸）（2億円）
平成25	人文社（2億5,800万円） 池田書店・学参（廃業）	明文堂（廃業）	海文堂（神戸）（閉店，廃業） 札幌明正堂（1億5,000万円） 進藤書店（倒産）
平成26	インフォレスト（30億円） 青空出版（3億5,400万円） 長崎出版（12億1,099万円） 同朋舎メディア（6億3,400万円） 中央図書新社（1億6,000万円） ひくまの出版（2億8,567万円）		成錦堂（洲本）（1億円） つまがり書店（宮崎）（1億円） ぶんぶん堂（天童）（倒産） 武田書店（和歌山）（倒産）
平成27	美術出版社（26億2,000万円） パッチワーク通信社（7億7,900万円） 国土社（3億，再生） ケーイー（9億5,000万円） 五月書房（3,000万円） 東洋書店（倒産）	栗田出版販売（135億円）	くすみ書房（札幌）（5億円）
平成28	福昌堂（1億6,300万円） 育文社（1億6,000万円） 新思索社（5090万円） ゲーテ書房（2億2,000万円） 坩燈社（倒産） マリン企画（倒産） 音楽専科社（倒産） MOKU出版（倒産）	太洋社（76億円） 高知出版販売（5億2,400万円） 東邦書籍（倒産）	芳林堂（池袋）（20億7,500万円） 信山社（1億2,732万円） 栄進堂書店（名古屋）（7億円） 友朋堂（つくば）（廃業）
計	132社	22社	56社

出典：「新文化・縮刷版」1989年版～2018年版。

3　30年の変遷

　表3.12をご覧頂きたい。平成中期（11～20年）に取次店（柳原書店，日販，鈴木書店，文教商事，神奈川図書，日新堂，金文図書，三星等）の倒産，赤字が集中している。その反動が平成中期の出版社の倒産，廃業につながり（中央公論社，サイマル出版会，駸々堂，柴田書店，婦人生活社，日東書院，ビブロス，山海堂等），その流れは平成後期にまだ残っている（インフォレスト，美術出版社等）。

　書店の大型倒産は平成中期が多い（駸々堂書店，積文館書店，静岡谷島屋，鶴屋，新興書房，森文化堂，誠山房，中野書店，鶴林堂書店，王様の本等）。直近の倒産・廃業は北光社，海文堂，成錦堂，くすみ書房，芳林堂，信山社，栄進堂書店などである。

表3.12　倒産・廃業の時期・負債額一覧

	負債額	出版社	取次	書店
平成元～10年	1億円未満			
	1億円～4億円以下	5		
	4億円～10億円以下	2	2	1
	10億円～20億円以下			
	20億円以上	5		
	廃業			3
	負債額不明	3	1	1
平成11～20年	1億円未満	1		
	1億円～4億円以下	20	1	1
	4億円～10億円以下	14	2	8
	10億円～20億円以下	8	1	1
	20億円以上	8	4	5
	廃業	7	2	14
	負債額不明	12	3	2
平成21～30年	1億円未満	3		
	1億円～4億円以下	14		6
	4億円～10億円以下	7	1	3
	10億円～20億円以下	3		1
	20億円以上	3	2	
	廃業	7	2	4
	負債額不明	10	2	3
計		131	56	22

出典：「新文化・縮刷版」1989年版～2018年版。

I　記　録

書店新風会から見た書店の盛衰

　昭和33（1958）年に全国の有力書店23店が駿河台の山の上ホテルに集まり，第一回総会（準備会）を開いた。会の名称を「書店新風会」と決め，会長に小松平十郎（鶴林堂書店），幹事に戸田寛（戸田書店）を選出して，新風会は船出した。

　会の運営は一都市一店主義，小売の代表ではなく有力店の研究団体，任意的な会として日本出版物小売業組合全国連合会（全連，日書連の前身）と全面的な支持協力関係を保つことが決議された。

　スローガンとして，(1)店は客のために在り，店員は，使用人でなく協力者であること，(2)読者の幸福と利益を追求する書店となる，(3)小売・取次・版元三者が均衡した力のもとにお互いに利益する場の探究，を掲げた。

　発足時の会員店23店は表3.13に挙げた通りである。この新風会の動きはすぐに全国の書店の話題となった。そして全国各地の有力書店・老舗書店が続々と加盟してきた。翌年の昭和34（1959）年には26店が入会した。平成がはじまるちょうど30年前の歴史である。「戦後は終わった」の名言通り，日本経済は上昇気流に乗り，高度成長経済の端緒についたところであった。これから出版業界では百科事典ブーム，文学全集ブーム，美術全集ブーム，文庫発刊ブーム週刊誌の創刊，雑誌の活気等々，活況がはじまらんとしていたのである。

　新風会は発足当時23店，翌年には26店が参加し，書店業界における有力団体となった。その後も新入会員は増え，昭和42（1967）年には64店になった。このなかで注目すべきは発足翌年に有隣堂が入会していることである。このことは『書店新風会六十年史』に記述されている。この他，須原屋（浦和）も当時新風会に関係していたことを，現社長の高野隆は先代社長の高野嗣男から聞いているという。しかし，有隣堂，須原屋はその後，悠々会（都内有力書店の会）の特別会員となり，新風会は自然退会となっている。

平成に入る前の書店における高度成長は昭和40年代，50年代とつづいている。他産業からの書店参入，書店の大型化，チェーン化はこの時代の落とし子である。チェーン店はローカル，リージョナル，ナショナルと地域，規模の大小はあるが，とにかく書店数は増え，昭和63（1988）年には２万8,216店の書店が存在した。

　本書は「平成の出版」である。新風会の会員数は平成以前にすでにピークを迎えてしまっている。ここで記したいことは，昭和の元気時代に新風会に加盟した地方の老舗・大型書店が現在どれだけ存命しているかである。表3.13に年別に入会店と退会店を示しているが，平成の中期以降に圧倒的に退会店が多くなっていることがわかる。書店の倒産・廃業・閉店・被M&A化された書店がいかに多いかわかる。これが平成の書店残酷史である。

　新風会創立期23店あったが，平成まで存命しているのは僅か８店である。15店は倒産・経営者交替等による廃業や他企業傘下となるなど，店名は残っているが新風会発足当初の企業体ではなく，また経営理念は消え失せてしまっている。創立期の翌年に参加した有力地方書店26店のうち，現在も息づいている書店は９店だけである。

　昭和47（1972）年には新風会会員は70書店に達している。この頃がピークであった。現在の新風会会員は33店である。平成時代になって半数に減ったといえる。詳しくは表3.13の新風会創業メンバー・入会店・退会店一覧を見ていただければ，動静がわかる。現在の33店のうち，新風会発足時，翌年から現在まで継続しているメンバーは22店である。この元気度，継続度，ねばりに拍手を贈りたい。彼等の真摯な経営態度が読者に認められ，社会に必要な書店であることが証明されたのである。開店は華々しいが，閉店は告知がない。予想以上に廃業の多いのが書店業界である。

　新風会の年行事で最大のものは新風賞贈賞式と新年懇親会である。それにもう一つ新風会ならではの地方総会がある。出版社の参加の多いことが特色である。直近では長崎，水戸，北陸，山梨，山陰総会等が行われ盛会であった。2019年は大垣守弘会長のお膝元京都で行われる。

Ⅰ 記 録

表3.13 書店新風会（昭和33年～平成30年）の歩み

年	入 会 店	退 会 店
昭和33 （創業メンバー 23書店）	旭屋書店，岩下書店，鶴林堂書店，晃星堂書店，新興書房，清明堂書店，仙台金港堂，自由書房，たがみ書店，田中書店，多田屋，戸田書店，長崎書店，長野西沢書店，明屋書店，積善館，文学堂，平安堂，豊川堂，鳳鳴館，北国書林，マルトモ書店，三浦書店	
昭和34 （26店入会）	細謹舎，白揚書房，宮脇書店，米子今井書店，松江今井書店，万宇堂書店，白銀日新堂本店，柳正堂書店，煥乎堂，川又書店，ロゴス，勝木書店，冨貴堂，内山集英堂，片桐開成社，小山助学館，ヒバリヤ書店，島森書店，江崎書店，文賢堂，有隣堂宝盛館本店，都城田中書店，東山堂書店，八文字屋，岩瀬書店	
昭和37	宮井平安堂（和歌山）	
昭和38	久美堂（町田）	
昭和39	文苑堂（高岡）	
昭和42	成田本店（青森），八小堂（小田原）	
昭和45	光陽館書店（武蔵野）	
昭和46		柿木書店（津山）
昭和47	山下書店（釧路）	
昭和50	村岡光文堂（草津），堀青山堂（酒田），阿部書林（今治），本のみせふるかわ（岩見沢），別所書店（津），東文堂（多治見），ブックス平和（旭川）	積文館（佐賀），星野書店（名古屋），正文館（名古屋），田所書店（日立）
昭和55		長野西沢書店
昭和57		阿部書林（今治），ながせや（島原）
昭和61	好文堂書店（長崎） 札幌明正堂（札幌）	冨貴堂（札幌），平林堂書店（福山），今泉書店（弘前），前田書店（鹿屋）
平成2	丸文書店（小樽）	八小堂（小田原）
平成4	三成堂書店（八王子），ブックメイトまるぜん（室蘭）	堀青山堂書店（酒田）
平成9	ザ・本屋さん（帯広）	

平成10		吉田書店（鹿児島），福村書店（北見）
平成13	大垣書店（京都）	ブックス平和（旭川），オーム社書店（京都），中野書店（下関）
平成14		多田屋（千葉），文学堂（川崎）
平成15	啓林堂書店（大和郡山）	丸文書店（小樽），新興書房（姫路），明屋書店（松山），村岡光文堂（草津）
平成16		積善館（広島），平安堂（長野），ナガリ書店（北九州）
平成17		天華堂（高崎），片桐開成社（高知），宮井平安堂（和歌山）
平成18		明正堂（札幌）
平成19	笠原書店（岡谷）	鶴林堂書店（松本）
平成20		宝盛館本店（芦屋）
平成21	なにわ書房（札幌）	小山助学館（徳島），文信堂（新潟）
平成25		三成堂書店（八王子）

出典：『新文化・縮刷版』1989年版〜2018年版。

II 統計・資料

4

出版統計(書籍・雑誌)

　本章は平成30年間の出版業界の歩みを分析したものである。本書のデータの中心部分である。業界の進展を見る指標として,書籍・雑誌の出版点数,返品率,実売部数,実売金額をグラフ化したものである。上昇・下降が一目瞭然だろう。各項目について解説を加えてある。委託販売制であるために,実売金額が低下しても,出版点数が増加する矛盾した傾向がわかるのが本章の特色である。NTTドコモによるdマガジンの影響は雑誌の部数減,金額減に出ている。

　出典:タニタ『体脂肪計タニタの社員食——500kcalのまんぷく定食』(大和書房,平成22年)。

Ⅱ　統計・資料

出版点数

書籍について

　書籍の出版点数は大変皮肉な推移をしている。それは書籍の実売金額が平成10年以降，下降をはじめた。特に平成19年からは10年間連続で前年割れ現象を起こしている（図4.7参照）。つまり，書籍産業が回復見込みのない不況産業の様相を呈している。

　ところが下降カーブとは反対に，平成になってから出版点数はアップしている。平成2～5年は毎年4万点台，6年，7年と僅か2年で5万点台を卒業した。そして平成8～12年の5年間は6万点台であった。そして7万点台は11年間と長く続き，点数アップは当たり前のような状態であった。実売金額においてはすでに業界全体の悲壮感が漂うなか，平成24年には8万点突入という異変が起こった。つまり，実売金額の低下とは無関係に，出版点数は伸びつづけた。点数の増加は常に批判の目で見られていたが，自制する動きはなかった。

　点数増加の要因は二つある。一つは平成18～20年のあいだの猛烈な自費出版ブームである。先述の通り，当時その火付け役になったのは新風舎の松崎義行社長であった。彼は当時発行点数の一番多かった講談社をターゲットにし，講談社を抜いて日本一の出版社になると豪語していた。そして，平成18年に実現させた。新風舎2,788点，講談社2,013点，3位は文芸社の1,468点である。しかし，杜撰な経営は長続きせず，翌年には倒産してしまった。この新風舎ブームに乗って，年間500点以上出版する自費出版の出版社が続出した。碧天舎も20位台で積極的に活動していた。当時，自費出版のシェアは6.5％に達している。

　もう一つは，書籍の実売部数が9億冊から8億冊になり，実売金額が1兆円を割る事態になった（図4.5，図4.7参照）。初版部数の減数をカバーする手立ては点数増加以外に方法はなかった。しかし，書店の売場面積が限られているた

4 出版統計（書籍・雑誌）

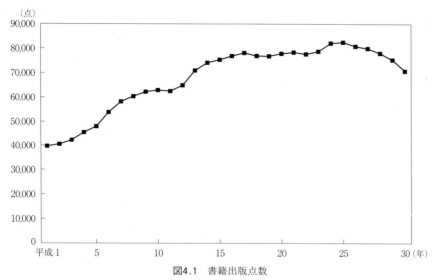

図4.1 書籍出版点数

出典：『出版年鑑』出版ニュース社。

めに，委託される点数が多くなるほど，陳列期間が短くなった。流通面の悪循環が出版点数だけ押し上げてしまった。平成も終わりにさしかかり，高返品率，実売金額の凋落，取次店の仕入規制等によって，やっと7万点台の減少傾向に入った。

雑誌について

　雑誌は書店の主力商品である。そのため書店では雑誌販売台が用意され，定位置陳列をしている。しかも，雑誌マーケットは把握可能であるから，管理可能商品として，書店で適格に定期改正を行っていれば，安定した売上げ・利益・返品率の管理ができた。

　発刊される定期雑誌（月刊，週刊，季刊等）は3,000点前後ある。しかし，実際に書店に配本される委託雑誌は，中小書店で900～1,400点，大型店で1,800～2,200点である。委託配本される点数は発行点数の半分以下である。これは雑誌の世界でいかに専門雑誌が多いかということである。

Ⅱ 統計・資料

　専門雑誌は読者限定の商品で，発行部数は少ない。書店でも取り扱うが注文扱いで店頭に並ぶことはない。委託配本雑誌の魅力はマス販売が可能なことであるが，悩みは返品である。専門雑誌は読者限定ゆえに返品は生じない。

　雑誌の誕生は「創刊」である。終焉は「廃刊」か「休刊」である。時代を反映する出版物が雑誌であるから，時代遅れ，人気下降ジャンルの雑誌は廃刊に追い込まれる。雑誌は継続性・定期性商品ゆえに，利益の出ない状態に陥ると，毎月の赤字，毎週の赤字となり，経営の基盤を揺るがす結果となる。

　雑誌の派生商品にムックがある。現在はムックの時代といっても過言ではない。ムックの年間発行点数を見れば一目瞭然である。平成25年には9,472点のムックが発刊され，書店に送品されている。

　ムックはテーマのある書籍形式の雑誌である。発行部数も多く，配本店が多いことが出版社にとって魅力である。単発商品としてベストセラーとなることもある。この賭博性の傾向がトレンドとなり，発行点数の増加を生んだ。

　しかし，平成30年には返品率が43.7%の異常値となり，雑誌全体の返品を押

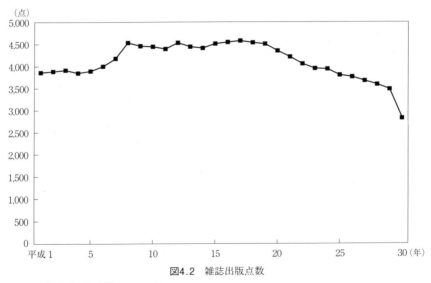

図4.2　雑誌出版点数

出典：『出版年鑑』出版ニュース社。

182

し上げる結果となってしまった。

返品率

書籍について

　書籍は平成10年，平成19〜21年に40％以上を示し（図4.3），警鐘乱打された。特に平成21年に41.1％まで上昇した際には3年連続という状態に陥り，なおかつ毎年増という悪パターンの典型であった。

　それ以降，業界全体の自主規制ムードの高まりで，返品率が年々低下していることはよいことである。取次の仕入規制，出版社の禁欲姿勢，書店の自主発注が多くなった結果である。

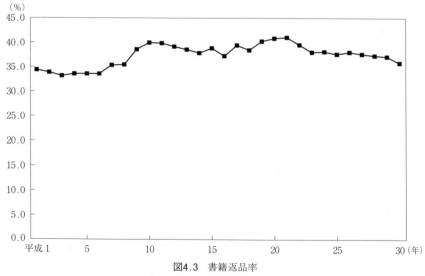

図4.3　書籍返品率

出典：『出版年鑑』出版ニュース社。

雑誌について

　それに引替え，雑誌の返品率は最低の状態である（図4.4）。直近3か年，平

Ⅱ　統計・資料

成27〜29年の40％台の返品率は異常値である。

　コミックの売上不振，ムックの過剰配本，雑誌の電子化による影響等，外部要因はわかっている。

　ムックの刊行点数の異常を是正するだけでも返品率は低下する。売れなければ返品することを繰り返していれば，返品率がアップするのは自明の理である。マーケットの把握，販売努力，自主仕入の強化によって現状の非常事態を脱却したいものである。

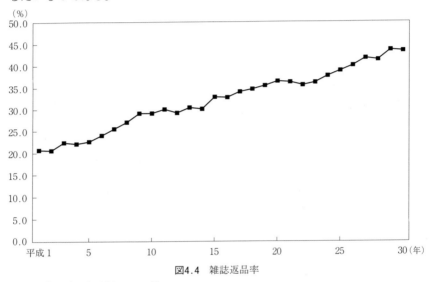

図4.4　雑誌返品率

出典：『出版年鑑』出版ニュース社。

実売部数

書籍について

　平成年間でピークは平成8年の9億9,602万部である。平成29年は6億8,089万部であるから，ピーク時に対して68.3％である。20年間に書籍の実売部数は31.7ポイント落ちたことになる（図4.5）。

184

ただし，書籍はその年にミリオンセラーが数点出ると，前年比を上回る。そのよい例は平成12〜18年まで続いた『ハリー・ポッター』シリーズブームである。「ハリ・ポタ」が発行された年は必ず前年を上回っている。高額商品であること，マスセールで返品少という好条件に恵まれたからである。

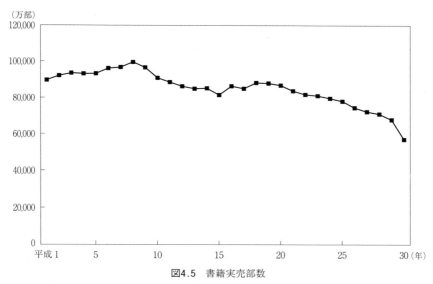

図4.5　書籍実売部数

出典：『出版年鑑』出版ニュース社。

雑誌について

　雑誌が最高に売れた年は平成5年の38億2,811万部であるが，平成29年は11億9,381万部となり，最盛時に比して31.2％である（図4.6）。雑誌メディアの後退をはっきり物語っている。雑誌読み放題サービス「ｄマガジン」等の出現は決定的な要因となっている。

　その他，電子版コミックの普及定着は紙のコミックの実売に影響をおよぼすことは当然であった。

Ⅱ　統計・資料

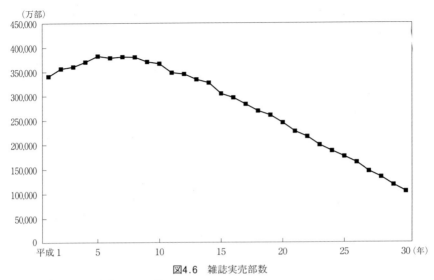

図4.6　雑誌実売部数

出典：『出版年鑑』出版ニュース社。

実売金額

　業界は雑高書低の実売金額時代が長らくつづいていた。ところが，平成28年に書籍・雑誌の売上金額が逆転した。書籍7,869億円，雑誌7,587億円である（図4.7）。この現象は昭和50年の書籍4,889億円，雑誌4,876億円の書高雑低以来，41年ぶりの怪現象の出現であった。

　書籍・雑誌のピーク時と現在（平成30年）を比較してみよう。書籍のピーク実売金額は平成13年の1兆3,174億円で，平成30年は6,991億円である。ピークに対して53.1％である。現在と平成元年との対比は87.7％である。

　雑誌のピーク時の実売金額は平成8年の1兆5,984億円で，平成30年は5,930億円である。ピークに対して37.1％である。現在と平成元年との対比は48.7％である。

　書籍は30年間に12.3％のダウンであったが，雑誌は51.3％のダウンである。

4 出版統計（書籍・雑誌）

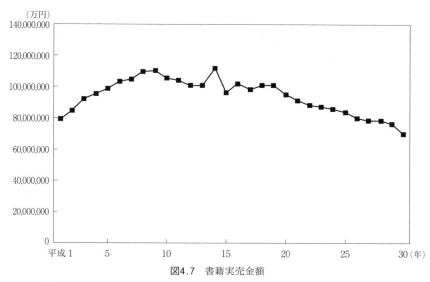

図4.7　書籍実売金額

出典：『出版年鑑』出版ニュース社。

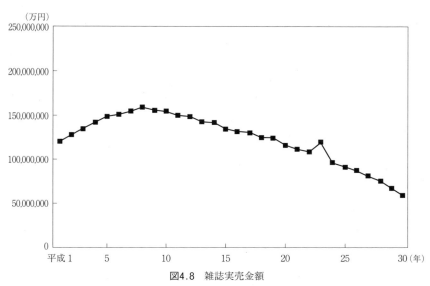

図4.8　雑誌実売金額

出典：『出版年鑑』出版ニュース社。

Ⅱ　統計・資料

情報メディアへの接触の仕方がいかに変化したかを示す数字である。

　また，実売金額と実売部数は連動していないこともわかる。書籍30年間を部数でみると63.7％の実売率である。実売金額は87.7％の実売率である。部数はたしかに3割以上落ちたが，金額では10.3％である。これは定価の値上がりによってカバーされていることがわかる。

　雑誌30年間を実売金額でみると，48.7％ダウンであるのに対し，部数は当時の31％しか売れていない。金額では約半分のダウンであるが，部数では3分の1である。

5

出版界データ・資料

　とにかく出版の中心が大都市に偏向しがちなので，敢えて全国都道府県の出版関連データを掲載した。内容は出版物販売額，一人当たり本購入額，書店数，図書館数，古書店数等である。その他出版社の創業年を一覧にした。老舗出版社の頑張りと継続性の強さを感ずる。出版産業は上場企業が少ないといわれるが，現在の上場出版社，取次，書店を掲載した。これからはコラボレーションの時代といわれる。横断的な出版催事のヒントになればと思い「出版界版・今日は何の日」を掲げた。

　　出典：三省堂『大辞林』（昭和63年）。

Ⅱ　統計・資料

表5.1　都道府県別出版関係データ（2018年12月）

	人口	出版物販売額 （百万円）	一人当たり 本購入額 （円）	県庁所在地 出版販売額 （百万円）	書店数	書店 坪数	図書 館数	古書 店数
北海道	5,307,813	63,350	11,935	30,698	468	41,406	11	49
青　森	1,303,668	14,502	11,124	3,702	21	2,420	34	22
岩　手	1,257,779	17,004	13,519	7,351	131	10,808	47	12
宮　城	2,291,981	32,621	14,233	21,341	168	16,734	35	42
秋　田	1,011,297	11,586	11,457	5,384	106	8,733	47	19
山　形	1,100,338	12,286	11,165	4,767	23	2,729	38	18
福　島	1,906,896	35,680	18,711	5,731	151	12,319	67	52
茨　城	2,889,169	30,712	10,630	5,143	237	20,874	64	68
栃　木	1,946,895	17,442	8,959	5,886	207	16,366	53	39
群　馬	1,937,076	20,697	10,684	5,555	192	15,876	56	35
埼　玉	7,198,829	69,320	9,629		504	42,771	167	150
千　葉	6,155,641	77,501	12,590	13,629	480	37,933	143	139
東　京	13,115,844	266,433	20,314		1,106	80,881	397	504
神奈川	8,972,770	110,146	12,276	53,369	555	44,185	83	192
新　潟	2,265,730	27,727	12,237	13,074	230	23,804	78	40
富　山	1,052,868	17,403	16,529	8,552	127	11,998	59	23
石　川	1,136,795	16,091	14,155	10,176	167	11,950	43	25
福　井	777,330	8,723	11,222	5,089	113	6,933	37	13
山　梨	823,733	9,246	11,224	3,993	87	6,108	55	14
長　野	2,081,175	28,708	13,794	7,784	203	14,966	115	54
岐　阜	2,005,181	21,945	10,944	5,933	189	15,982	77	52
静　岡	3,660,340	49,705	13,579	12,592	268	23,400	98	60
愛　知	7,316,520	103,629	14,164	46,320	563	53,599	98	171
三　重	1,786,598	20,563	11,510	3,780	150	13,663	46	33
滋　賀	1,393,088	16,112	11,566	3,624	129	12,803	50	30
京　都	2,506,201	36,721	14,652	29,229	277	16,924	68	75
大　阪	8,631,175	117,986	13,670	65,632	648	44,851	151	182
兵　庫	5,485,652	71,721	13,074	23,892	378	31,986	107	113
奈　良	1,359,935	12,959	9,529	3,654	98	8,094	33	30
和歌山	968,748	7,300	7,536	3,403	105	7,161	27	8
鳥　取	566,495	8,003	14,127	3,157	64	5,212	31	9
島　根	683,536	8,704	12,734	3,562	56	4,171	36	11
岡　山	1,895,025	24,405	12,879	12,441	187	16,159	63	39
広　島	2,800,530	37,007	13,214	18,197	220	22,810	87	50
山　口	1,380,790	12,502	9,054	1,956	107	10,899	54	24
徳　島	751,819	10,631	14,141	4,057	80	6,600	28	16
香　川	981,673	17,353	17,677	10,574	124	13,665	29	27
愛　媛	1,382,748	10,164	7,350	5,248	123	12,378	44	22
高　知	721,032	5,834	8,091	4,193	83	4,598	40	17
福　岡	5,059,737	59,199	11,700	33,443	321	33,593	118	107
佐　賀	827,606	6,118	7,393	3,402	49	4,963	28	19
長　崎	1,369,146	12,670	9,254	6,405	89	5,684	38	20
熊　本	1,775,773	13,326	7,504	6,469	112	9,869	47	26
大　分	1,157,282	10,768	9,305	5,928	83	8,058	33	20
宮　崎	1,106,309	10,637	9,615	4,976	70	5,789	30	16
鹿児島	1,646,915	16,830	10,219	10,505	118	9,930	63	23
沖　縄	1,456,122	12,333	8,470	4,857	96	10,262	40	22
	125,209,603	1,622,303	559,338	548,653	10,063	842,887	3,193	2,732

出典：日本出版販売『出版物販売額の実態 2018』。

表5.2　上場出版社（2018年12月）

(単位：百万円)

	大日本印刷	学研HD	カドカワ	インプレスHD	昭文社	ゼンリン	中央経済社	文渓堂
上場年	1949	1982	2014	2000	1996	1994	1997	1988
売上高	1,412,251	102,177	206,785	11,897	9,158	61,332	3,211	11,731
従業員数	連結 38,627	3,915	4,330	527	467	3,028	102	257
	単体 10,755	43	172	8	394	1,941	70	216
営業利益	46,372	3,382	3,144	76	▲1,060	5,441	131	752
経常利益	50,971	3,525	3,716	171	▲1,018	5,863	143	777
純利益	27,501	3,330	1,038	437	▲1,768	3,336	74	506
資本金	114,464	18,357	20,625	5,341	10,141	6,557	383	1,917
株主数	26,608	5,872	33,027	10,230	19,076	10,738	782	821
総資産		89,422	242,990	12,788	22,188	72,222	5,084	17,602
自己資本	1,053,600	38,552	107,135	7,647	17,586	39,341	3,973	12,717
自己資本比率	58.2	43.1	44.1	59.8	79.3	54.5	78.1	72.2
利益剰余金	681,976	7,508	28,846	1,012	▲3,894	24,497	3,635	9,239
有利子負債	167,813	19,576	65,399	869	770	10,803	0	13
営業 CF	484	5,099	16	▲48	▲646	10,783	10	487
投資 CF	230	473	▲187	▲719	▲238	▲5,392	▲27	▲410
財務 CF	▲427	▲5,119	▲64	▲63	▲363	▲668	▲37	▲254
設備投資	59,500	1,902	15,900	84	361	4,960	－	180
減価償却	61,000	1,416	6,000	153	153	5,532	28	200
研究開発	33,200	－	302	－	41	813	－	－
株価	2,446	6,500	1,208	230	770	4,270	655	1,250
平均年齢	41.6	47.7	41.3	47.1	42.9	43.6	36.3	41.7
年収	712	913	804	932	603	529	637	544

	廣済堂	ベネッセ	ナガセ	TAC	ぴあ	スターツ出版	楽天	早稲田アカデミー
上場年	1997	1995	1988	2001	2002	2001	2000	1999
売上高	36,462	434,497	45,949	20,951	163,509	4,350	944,474	22,143
従業員数	1,377	連結 20,387	1,205	624	292	189	14,845	887
	936	単体 75	456	537	260		5,831	842
営業利益	2,181	12,626	5,156	833	1,225	355	149,344	1,112
経常利益	1,648	9,253	4,697	735	1,173	436	138,082	1,107
純利益	3,271	12,397	2,610	442	706	271	110,585	727
資本金	1,000	13,623	2,138	940	4,903	540	205,924	968
株主数	10,242	36,805	487	11,745	21,293	550	166,982	5,903
総資産	79,651	496,607	67,735	21,618	55,488	5,117	6,501,176	14,382
自己資本	27,760	171,164	17,280	5,287	7,252	4,104	625,095	6,998
自己資本比率	34.9	34.5	25.5	24.5	13.1	80.2	9.6	48.7
利益剰余金	26,206	154,245	16,217	3,591	3,796	2,579	296,441	5,505
有利子負債	20,856	37,805	30,037	6,465	0	0	1,172,894	1,496
営業 CF	4,472	264	5,147	534	5,852	289	1,620	1,400
投資 CF	5,910	▲55	▲2,919	▲960	▲4,031	▲667	▲2,037	▲1,461
財務 CF	▲7,635	▲125	▲129	▲1,209	▲2,089	▲57	1,944	▲444
設備投資	－	20,100	1,730	400	－	294	84,900	1,314
減価償却	2,280	17,800	2,049	290	811	145	54,300	677
研究開発	－	1,000	0	－	0	0	9,700	0
株価	618	4,540	4,350	348	6,630	2,121	895	1,686
平均年齢	43.8	44.7	35.7	41.9	41	34.9	34	36.9
年収	505	903	738	438	765	512	707	529

出典：『会社四季報 2018秋号』東洋経済新報社。

Ⅱ　統計・資料

表5.3　上場取次・書店（2018年12月）　　　　（単位：百万円）

	出版貿易	丸善CHI HD	三洋堂HD	トップカルチャ	文教堂HD	ゲオHD	ブックオフ
上場年	1997	2010	2006	2000	1994	2000	2004
売上高	8,542	178,349	21,327	31,257	29,919	299,262	80,049
従業員数　連結	87	1,408	219	361	292	4,222	1,279
単体	73	31	161	338	4	256	1,011
営業利益	86	2,301	246	307	89	14,668	613
経常利益	80	2,255	277	257	128	15,248	1,092
純利益	51	▲321	5	▲2,456	24	6,614	▲889
資本金	430	3,000	1,290	2,007	2,035	8,933	3,652
株主数	331	27,512	5,222	9,208	9,500	58,758	27,353
総資産	6,177	135,003	15,842	24,254	24,111	137,335	47,888
自己資本	1,476	33,986	3,376	4,509	239	71,991	13,166
自己資本比率	43	25.2	21.3	18.6	1.2	52.4	27.5
利益剰余金	437	17,247	1,058	468	▲4,877	59,984	6,605
有利子負債	1,012	48,928	3,007	7,290	16,136	25,492	24,320
営業 CF	204	3,795	489	1,182	3,196	16,345	2,668
投資 CF	55	▲2,410	▲423	▲171	▲9	▲2,969	▲940
財務 CF	▲152	21	480	▲325	▲2,781	▲5,253	▲3,394
設備投資	－	2,595	283	1,404	246	3,330	1,364
減価償却	53	1,736	398	1,941	278	5,449	1,807
研究開発	－	－	－	－	－	－	－
株価	1,809	357	1,005	507	435	1,832	834
平均年齢	41.3	51	37.9	34	55.8	41	34.3
年収	493	450	401	408	612	529	446

出典：『会社四季報 2018年秋号』東洋経済新報社。

表5.4　出版社創業年

創業年	出版社名	創業年	出版社名
文禄年間（1595）	法藏館	大正8（1919）	日本評論社
安政4（1857）	吉川弘文館		金の星社
明治2（1869）	丸善		キネマ旬報社
明治10（1877）	有斐閣		新美容出版
明治11（1878）	春陽堂書店	大正10（1921）	日本医事新報社
明治12（1879）	南江堂		医歯薬出版
明治14（1881）	三省堂		文英堂
明治19（1886）	河出書房新社	大正11（1922）	小学館
	中央公論新社	大正12（1923）	文藝春秋
明治20（1887）	博文館新社		求龍堂
明治23（1890）	大日本図書	大正14（1925）	家の光協会
	増進堂受験研究社	大正15／昭和元（1926）	広川書店
明治25（1892）	文光堂		共立出版
	創元社		新建築社
明治28（1895）	裳華房		帝国書院
	東洋経済新報社		集英社
明治29（1896）	明治書院		自由国民社
	新潮社	昭和2（1927）	コロナ社
明治30（1897）	実業之日本社	昭和4（1929）	朝倉書店
明治36（1903）	婦人之友社	昭和5（1930）	山と渓谷社
明治38（1905）	美術出版社	昭和6（1931）	旺文社
	アシェット婦人画報社		日本放送出版協会
明治40（1907）	フレーベル館		玄光社
明治41（1908）	阪急コミュニケーションズ研究社	昭和7（1932）	労務行政研究所
			西東社
	淡交社	昭和8（1933）	電気書院
明治42（1909）	東京書籍		三笠書房
	講談社	昭和9（1934）	岩崎書店
明治45／大正元（1912）	JTBパブリッシング		交友社
	誠文堂新光社		日本教文社
	ダイヤモンド社		造形社
大正2（1913）	岩波書店	昭和10（1935）	主婦と生活社
大正3（1914）	診断と治療社	昭和11（1936）	法学書院
	平凡社		偕成社
	オーム社	昭和13（1938）	朝日新聞出版
大正4（1915）	白水社		三修社
大正5（1916）	主婦の友社		産労総合研究所
大正7（1918）	大修館書店		医道の日本社
	春秋社	昭和15（1940）	農文協
	第一法規出版		筑摩書房

Ⅱ 統計・資料

創業年	出版社名	創業年	出版社名
昭和16（1941）	社会保険研究所 音楽之友社 実教出版	昭和22（1947）	中央法規出版 医学通信社 メヂカルフレンド社
昭和17（1942）	教育図書 日本加除出版	昭和23（1948）	金園社 新日本法規出版 東京法規出版 ぶんか社 第一学習社 百日草 教育出版 学陽書房 双葉社 学校図書 神宮館 ポプラ社 日本文化科学社 東洋館出版社 評論社 中山書店 山川出版社 ミネルヴァ書房 中央経済社 世界思想教学社
昭和19（1944）	新星出版社 医学書院		
昭和20（1945）戦前	曙出版		
昭和20（1945）戦後	早川書房		
昭和20（1945）	少年画報社 光文社 マガジンハウス 近代映画社 芸文社 時事通信出版局 角川書店 みすず書房		
昭和21（1946）	税務経理協会 清水書院 世界文化社 理論社 立花書房 学習研究社 暮しの手帖社 ベースボールマガジン社 保健同人社 つり人社 開隆堂出版 法研 PHP研究所 ひかりのくに		
		昭和24（1949）	出版ニュース社 新興出版社啓林館 池田書店 光村図書出版 大成出版社 成美堂出版 あかね書房 日本聖書協会 吉野教育図書 原書房 旬報社 教育同人社
昭和22（1947）	北海道協同組合 数研出版 東京ニュース通信社 大泉書店 音元出版 スイングジャーナル社 小峰書店 税務研究会 三栄書房 慶應義塾大学出版会		
		昭和25（1950）	文理 日本標準 芳文社 森北出版 日本実業出版社 いのちのことば社

創業年	出版社名	創業年	出版社名
昭和26（1951）	東京大学出版会	昭和33（1958）	青葉図書
	聖教新聞社出版局		グラフ社
	日本文教出版	昭和34（1959）	日本文芸社
昭和27（1952）	福音館書店		日本ジャーナル出版
	日本文化出版		富士教育出版
	中外医学社		朝日出版社
昭和28（1953）	久保書店		建帛社
	一ツ橋書店	昭和35（1960）	晶文社
	一水社		女性モード社
	日本工業出版		昭文社
	文渓堂		二見書房
昭和29（1954）	日本ヴォーグ社	昭和36（1961）	東京化学同人
	鈴木出版		あすなろ書房
	オータパブリケーションズ		ゴルフダイジェスト社
	徳間書店		新書館
	宣伝会議		大和書房
	CQ出版		ふくろう出版
	高橋書店	昭和37（1962）	財界さっぽろ
	東京創元社		大日本絵画
	柴田書店	昭和38（1963）	プレジデント社
	化学同人		グラフィック社
	思潮社		美巧社
	ベネッセコーポレーション		ビジネス教育出版
昭和30（1955）	みくに出版		永岡書店
	青春出版社		講談社インターナショナル
	二玄社		国際商業出版
	財経詳報社	昭和39（1964）	清文社
	秀学社		トラベルジャーナル
昭和31（1956）	潮書房光人社		日刊スポーツ出版社
	商事法務研究会		東京堂出版
	ビデオ出版		太陽
	近代セールス社	昭和40（1965）	医薬ジャーナル社
昭和32（1957）	経済法令研究会		赤ちゃんとママ社
	工業調査会	昭和41（1966）	こぐま社
	新日本出版社		立風書房
	童心社		ステレオサウンド
	新学社		佼成出版社
	東京地図出版		音楽専科社
昭和33（1958）	図書文化社		日本出版社
	朋友出版	昭和42（1967）	大学通信
	交通タイムス社		辰巳出版

Ⅱ 統計・資料

創業年	出版社名	創業年	出版社名
昭和42（1967）	東京医学社 潮出版社	昭和48（1973）	ぴあ ワニマガジン社
昭和43（1968）	松文館 中経出版 KKベストセラーズ 東京三世社 エクスナレッジ 駿台文庫		日本看護協会出版会 ロングセラーズ 実務教育出版 メディア出版 ライフサイエンス出版 椛出版社
昭和44（1969）	舵社 技術評論社 日経BP社 アルク 創美社 第三文明社 ホーム社 ダイヤモンド・ビック社		大洋書房 日本スポーツ企画出版 白泉社 凡人社
		昭和49（1974）	育伸社 英俊社 ぎょうせい ニュートンプレス リイド社 あすとろ出版
昭和45（1970）	勁草書房 日正 廣済堂 ダイヤモンド・フリードマン社 星和書店 ホビージャパン 祥伝社	昭和50（1975）	総合ユニコム へるす出版 パッチワーク通信社 コスミック出版 ゆまに書房 笠倉出版社 秀潤社 フランス書院 日本図書センター 白夜書房
昭和46（1971）	オーク ワールド・フォトプレス 草月文化事業 宝島社 マリン企画 国書刊行会 柏書房 サンマーク出版	昭和51（1976）	蒼龍社 郷土出版社 海竜社 ミリオン出版 クインテックス出版 汐文社 ネコ・パブリッシング クレヨンハウス JAF出版社
昭和47（1972）	ブティック社 河合出版 小池書院 中央出版 マガジンマガジン TKC出版 富士見書房 竹書房	昭和52（1977）	若生出版 かんき出版 近代出版 アパートニュース出版
昭和48（1973）	明日香出版社		

196

5 出版界データ・資料

創業年	出版社名	創業年	出版社名
昭和52（1977）	フォーバイフォ出版 マキノ出版 水中造形センター	昭和58（1983）	シュプリンガージャパン 光言社 スターツ出版 メジカルビュー 日総研出版社 綜合図書 角川SSコミュニケーションズ
昭和53（1978）	リットーミュージック 日之出出版 エス・ビー・ビー		
昭和54（1979）	作品社 羊土社 ソニー・マガジンズ ハーレクイン 情報センター出版局 静山社 インロック インデックスコミュニケーション 飛鳥新社 メディカル・サイエンス・インターナショナル 京阪神エルマガジン リヨン社 ワニブックス メディックメディア	昭和59（1984）	エヌティーエス 出版文化社 スキージャーナル リックテレコム 音楽出版社 照林社 太田出版
		昭和60（1985）	洋泉社 大誠社 ディスカバー・トゥエンティワン コアマガジン 翔泳社 アスペクト 名古屋流行発信
		昭和61（1986）	ウェッジ ローカス マクミランランゲージハウス 海王社 メディアファクトリー
昭和55（1980）	KG情報 三才ブックス イカロス出版 本の雑誌社 栄光 シーエーピー		
昭和56（1981）	エムピーシー ひさかたチャイルド エルゼビアジャパン 日本医療企画 秀和システム ジャパンプレス オーシャンライフ 医薬情報研究所 ネオ書房 金澤倶楽部	昭和62（1987）	フォー・ユー ゲイン ネイチャージャパン たちばな出版 扶桑社 NTT出版 インターメディカ
		昭和63（1988）	くもん出版 オレンジページ 神戸新聞総合出版センター ゴマブックス 出版芸術社
昭和57（1982）	医学評論社 イデア 尚文出版	平成元（1989）	富士美出版

Ⅱ　統計・資料

創業年	出版社名	創業年	出版社名
平成元（1989）	全国書籍出版 きんざい すばる舎 イーストプレス	平成6（1994）	総合法令出版
		平成7（1995）	セブン＆アイ出版 デアゴスティーニ・ジャパン サンクチュアリ・パブリッシング 角川春樹事務所 晋遊社 キルタイムコミュニケーション
平成2（1990）	宙出版 フォレス出版 メディアックス ワークスジャパン ザメディアジョン		
		平成8（1996）	文芸社 ワック ジーオーティー
平成3（1991）	芸術生活社 先端医学社 スリーエーネットワーク 麻布台出版社		
		平成9（1997）	コスモメディア 美研インターナショナル
平成4（1992）	エムディエヌコーポレーション インプレスジャパン CHINTAI アスキーメディアワークス 一迅社 イーストライツ	平成11（1999）	ソフトバンククリエイティブ ベレ出版 ティアイネット スコラマガジン バイクブロス メディアソフト
平成5（1993）	エスカイアマガジンジャパン チューリップ企画 幻冬舎	平成12（2000）	エンターブレイン
		平成13（2001）	ラーンズ アクセスパブリッシング
平成6（1994）	英和出版社 ワークスコーポレーション トランスワールドジャパン	平成14（2002）	インフォレスト
		平成15（2003）	ジャイブ ランダムハウス
平成6（1994）	茜新社	平成17（2005）	ワンツーマガジン

5　出版界データ・資料

表5.5　出版界版・今日は何の日

月	日	本・書店・出版関連の日
1	1	鉄腕アトムの日
2	9 25	漫画の日 夕刊紙の日
3	4 6 17	雑誌の日 スポーツ新聞の日 漫画週刊誌の日
4	2 6 8 10 19 23 30	国際子どもの本の日，週刊誌の日 新聞を読む日 参考書の日 教科書の日 地図の日 世界本の日／サン・ジョルディの日，子どもの読書の日，著作権の日 図書館記念日
5	2 12 18 20	エンピツ記念日 こどもの読書週間（〜22日） ことばの日 ローマ字の日
6	1 11 12 19 27 29	写真の日 学校図書館の日 日記の日 朗読の日 女性雑誌の日 星の王子さまの日
7	6 14 24	サラダ記念日 パリ祭 劇画の日
9	6 23 26	クロスワードの日 万年筆の日 ワープロの日
10	4 5 20 27	古書の日 時刻表記念日 新聞広告の日 文字・活字文化の日，読書の日 読書週間（〜11月9日）

Ⅱ 統計・資料

11	1	本の日, 古典の日
	3	文化の日, まんがの日, 文具の日
	5	雑誌広告の日
	18	音楽著作権の日
	26	ペンの日
	30	カメラの日
12	1	映画の日
	12	漢字の日
	16	紙の記念日

おわりに

　昭和58年に日書連の『全国書店新聞』に連載を書いていました。テーマは「書店業務の実際」でした。連載終了後，『新・書店発想法』という1冊の本にまとめて下さったのが出版ニュース社の清田義昭さんでした。これがご縁で，以後何かとご指導を頂くことが多かったです。

　当時筆者は多田屋（千葉）で22店を引っ張る立場にありました。大型書店台頭の真っ最中でした。ワンフロアー480坪の店をオープンした時も『出版ニュース』にお世話になったことを思い出します。「ベストセラー報告店」の大役を頂き，今年3月下旬号の『出版ニュース』最終号までお世話になりました。

　この仕事に50年近く関わってきた清田さんは公私多忙な方でしたが，本来公的機関が行うべき仕事を，一私企業が損得無視で，旬日の遅れも無く発刊し続け，『出版年鑑』として毎年まとめ上げてきた功績は絶大です。平成30年度版が最終版であることは，残念の一語では言い表せない惜別感があります。私の生涯の指針を作ってくれた『出版年鑑』に心からお礼を申し上げたいです。

　最後になりましたが，本書の上梓についてご快諾下さったミネルヴァ書房の杉田啓三社長に感謝申し上げます。また，同社の水野安奈さんには大変にお世話になりました。国会図書館の調査など，筆者のすべきことまで手伝って下さったので，本書は共著と言うべきかもしれません。書影，写真を提供下さった各版元の方々に御礼申し上げます。

　令和元年8月

能勢　仁

索　引

欧　文

bk1　56
BL　133
『BOAO』　87
CCC　83, 100
CoNTES　104
CVS 市場　67
CVS の早期発売　31
dマガジン　185
EDI 化　63
『GRACE』　87
IC タグ　68
IPA　24
『IQ84』　89
JPIC　31, 36
『KING』　87
KINOWEB　40
『MAQUIA』　71
NHK　31
NPO法人「本の学校」　101
『ONE PIECE』　133
『Santa Fe』　19
『Style』　87
TL　133
TS流通協同組合　51
『UK ブックインダストリー・イン・スタティスティックス』（イギリス出版社協会（PA））　143
VAN構想　19

あ　行

朝の読書　55, 62, 67
『朝日ジャーナル』　23
朝日新聞社　87
アジア通貨危機　43
アスキー　86
梓会　98
アマゾン　7, 40, 56, 81, 90, 120
アメリカ出版者協会（AAP）　141, 143
イー・ショッピング・ブックス　50
池上彰　94
岩波ブックセンター信山社　116
インターネット書店　90
インターネットによる販売　5, 40, 44, 50
インプレスR&D　94
上野の森・親子ブックフェスタ　9
内田樹　94
『うんこ漢字ドリル』　120
『エコノミー・ドゥ・リーヴル』（フランス文化省）　143
絵本　79
『エンカルタ百科事典99』　48
オウム真理教による地下鉄サリン事件　5, 34
大江健三郎　31
大垣守弘　173
大阪屋　7, 86
大阪屋栗田　124
大野晋　51
桶川SCMセンター　74
乙武洋匡　51
おはなしマラソン　63
オンデマンド出版　52

か　行

買切制　70
海文堂　166
学習雑誌　90
学習参考書　79
鶴林堂書店　165
勝木書店　86
学研ホールディングス　91
学校直販雑誌　91
活字文化議員連盟　68
角川歴彦　28
角川春樹　28

金文図書　162
河北新報社　97
鎌倉書房　158
河出書房新社　125
菅徹夫　161
北国書林　164
紀田順一郎　135
北光社　165
紀伊國屋書店　39
休刊誌の大幅増　23
清田義昭　i, 201
業務提携　86
『巨大津波が襲った3・11大震災』　97
くすみ書房　166
『暮しの手帖』　117
栗田出版販売　86, 112
ケータイ小説　71
ケータイコミック　95
ケータイ着メロ本　51
ゲームソフトの攻略本　51
『月刊現代』　86
嫌韓・嫌中本　109
公共図書館　138
『広告批評』　90
『広辞苑』　16, 17
公正取引委員会　7
講談社　89
公民館図書室　138
肥田美代子　83
国際子ども図書館　55
国際出版社連合（IPA）　143, 145
国民読書年　93
国民読書年宣言　93
55年体制の崩壊　31
『五体不満足』　51
こちら葛飾区亀有公園前派出所　133
国会図書館　105
古典の日　125
こども読書週間　9
子ども読書年　36, 55
子どもの読書活動の推進法　62
コミック　8, 132
　　──不況　132

　　──レンタル　133
小峰紀雄　83

　　　　　さ　行

『ザ・ブックセラー』（イギリス）　143
財団法人文字・活字文化推進機構　83
再販制　7
　　──の見直し　20
サイマル出版　157
『さおだけ屋はなぜ潰れないのか』　75
雑高書低　116, 186
雑誌不況　86
雑誌読み放題　8
『サルにもわかるパソコン入門』　158
サン・ジョルディの日　35
『三陸海岸大津波』　97
仕入規制　109
シェルダン，シドニー　20
『色彩を持たない多崎つくると，彼の巡礼の年』　106
時限再販　59
「自炊」ブーム　98
時代対応物出版物　60
実売金額　186
実売部数　184
『失楽園』　42
指定管理者　100
自動車図書館　138
自費出版　78, 180
　　──の再編　85
姉妹社　156
集英社　71, 89, 105
『週刊少年ジャンプ』　133
『週刊ヤングサンデー』　87
出版QRセンター　74
出版科学研究所　133
『出版事典』　135
出版者協会（PA）（イギリス）　143
出版社の従業員数　150
出版倉庫流通協議会　68
『出版ダイジェスト』　98
出版点数　180
『出版統計年鑑』（ドイツ書籍業協会）　143

索　引

出版ニュース社　144
出版の国際性　141
出版不況　46
『出版物新刊統計』(韓国)　143
出版文化国際交流会　63
『出版文化産業ビジョン』　36
出版輸送運賃問題　123
出版流通対策協議会　56
出版流通の歪み　113
出版倫理協議会　56
『主婦と生活』　87
『主婦の友』　87
主婦の友社　89
純愛小説ブーム　71
ジュンク堂書店　32, 39, 89
『小学5年生』　91
『小学6年生』　91
小学館　5, 48, 82, 89, 90, 105
消費税　12, 13, 15, 43, 109
『職業としての小説家』　113
『諸君！』　90
書籍業学校(ドイツ)　35
書高雑低　186
書店経営指標　130
書店新風会　125, 172
『書店新風会六十年史』　172
書店大商談会　9
　　首都圏——　94
書店離れ　81
『進撃の巨人』　133
新古書店　70
駸々堂　39, 157
新人物往来社　86
新潮社　106
新風舎　78, 86
新風賞　173
『スウィート』　93
『スーパー・ニッポニカ』　48
鈴木書店　59, 161
『スタジオ・ボイス』　90
『スティーブ・ジョブズ』　98
須原屋　172
静山社　54

『世界大百科事典』　48
全国小売書店取引経営実態調査　23
　　——報告書　121
全国図書館大会　120
専門雑誌　182
草思社　86

た　行

『大脂肪計タニタの社員食堂(正・続)』　98
『大辞林』　16, 17
大店法　32
大日本印刷　89
ダイヤモンド社　94
太洋社　116
貸与権　66
大陸書房　23
大和書房　102
『台湾出版年鑑』(台湾)　143
高井昌史　113
高山書店　164
宝島社　93
武雄市立図書館　100
立花隆　98
田村書店　86
地域館依存　138
筑摩書房　102
『ちびまる子ちゃん』　23
中央公論社　5, 46
中経出版　86
『中国全国出版統計』(中国)　143
著作物再販制度の取扱いについて　58
蔦屋書店　101
鶴田尚正　161
定価づけの二極化　75
定期雑誌　181
出久根達郎　23
デジタルパブリッシングサービス　52
電子コミック　133
電子出版　5
電子書籍　110
　　——籍元年　8, 94, 98
　　——コンソーシアム　48, 52
　　——レーベル　105

205

電子版コミック 185
ドイツ書籍業者協会 143
東京国際ブックフェア 16, 24
東京版権説明会 143
『統計年鑑』(アメリカ出版者協会(AAP)) 143
童話屋 164
トーハン 124
読書行為の成立要因 82
読書週間 9
読書推進連絡会 36
独占禁止法 58
図書館問題研究会 101
図書館流通センター 89
図書情報社 157
ドラッカー，ピーター 94
取次 7, 32

な 行

夏の文庫まつり 82
『21世紀の資本』 113
日書連 12
日教販 86
日経BP 86
日経ホーム 86
日新堂書店 162
日販 86, 120, 124
『日本語練習帳』 51
日本雑誌協会 136
日本出版インフラセンター 63, 104
日本書籍総目録 44
日本電子図書館サービス 105
日本図書館協会 101
日本文芸家協会 94
熱風書房 78

は 行

バーゲンブック 86
　　──フェア 30
『ハリー・ポッター』シリーズ 6, 54
ハルキスト 90
阪神・淡路大震災 5, 34
反省会雑誌 47

『ぴあ』 98
東日本大震災 8, 97
ピケティ・トマ 113
『フォーブス日本版』 90
福原義春 83
複本 67
『婦人倶楽部』 87
『婦人生活』 87
婦人生活社 158
フタバ図書 86
ブックオフ 89
ブックス・ビヨンド・アライアンス 86
ブックスタート 55
ブック戦争 24
ブックハウス神保町 74
ブックフェスティバル 9
部分再販 59
フランクフルトブックフェア 16
付録 93
文学堂 164
文化庁 66
文教堂 89
文芸社 78, 86
文藝春秋 106
文庫 130
　　──の創刊 43
　　──目録の発行 130
文春砲 117
平安堂 86
平凡社 48
『別冊太陽』 135
返品率 47, 101, 108, 183
ポイント還元 20
ポイントサービス 75
北海道拓殖銀行 43
本の学校 35
本の探検隊 40
本の日 9, 125
本やタウン 50

ま 行

マイクロソフト 48
増井勤 159

索　引

又吉直樹　9
松岡佑子　6
松崎義行　78
『マディソン郡の橋』　27
丸善　89
『漫画 君たちはどう生きるか』　125
みすず書房　113
三星　162
ミネルヴァ書房　15
ミリオンセラー　5, 27, 39, 71, 75, 79, 105
ムック　109, 182
村上春樹　89, 106, 113
村上龍　94
メディアワークス　86
文字・活字文化振興法　83
『もし高校野球の女子マネージャーがドラッカーの『マネジメント』を読んだら』　94

　　　　　や　行

八重洲ブックセンター　13

『谷中・根津・千駄木』　90
柳原書店　161
山一證券　43
悠々会　172
有隣堂　172
ユネスコ　143
横浜事件　120
吉本隆明　102
読売新聞社　46
４大メガバンク時代　60
楽天　124

　　　　　ら・わ　行

『ラピタ』　87
ローリング, J・K　54
『論座』　87
渡辺淳一　42
渡辺恒雄　46
ワンデーマガジン　71

《著者紹介》

能勢　仁（のせ・まさし）
　1933年　千葉市生まれ。
　1958年　慶應義塾大学文学部卒業。
　　　　　高校の教員を経て，多田屋，ジャパン・ブックボックス（平安堂FC部門），アスキーなどの取締役を務める。
　現　在　ノセ事務所代表取締役。出版コンサルタント。
　著　作　『本の世界に生きて五十年──出版人に聞く〈5〉』（論創社，2011年），
　　　　　『昭和の出版が歩んだ道──激動の昭和へTime TRaVEL』（八木壯一氏との共著，出版メディアパル，2013年），
　　　　　『カラー版 世界の本屋さん図鑑──45カ国・50書店の横顔見て歩き』（出版メディアパル，2016年）ほか多数。

　　　　　　　　　平成出版データブック
　　　　　　──『出版年鑑』から読む30年史──

　　2019年10月30日　初版第1刷発行　　　　　〈検印省略〉

　　　　　　　　　　　　　　　　　　定価はカバーに
　　　　　　　　　　　　　　　　　　表示しています

　　　　　著　者　　能　勢　　　仁
　　　　　発行者　　杉　田　啓　三
　　　　　印刷者　　坂　本　喜　杏

　　　　　発行所　株式会社　ミネルヴァ書房
　　　　　　607-8494 京都市山科区日ノ岡堤谷町1
　　　　　　　　　　電話代表　(075)581-5191
　　　　　　　　　　振替口座　01020-0-8076

　　　　　© 能勢仁，2019　　　冨山房インターナショナル

　　　　　　　ISBN 978-4-623-08657-3
　　　　　　　　　Printed in Japan

本のことがわかる本（全3巻）

能勢仁 監修
稲葉茂勝 文
AB判 三二頁
本体七五〇〇円

近代日本メディア人物誌 創始者・経営者編

土屋礼子 編著
A5判 二八〇頁
本体二八〇〇円

近代日本メディア人物誌 ジャーナリスト編

井川充雄 編著
土屋礼子
A5判 三二八頁
本体二五〇〇円

よくわかるメディア・スタディーズ [第2版]

伊藤守 編著
B5判 二四八頁
本体二五〇〇円

──── ミネルヴァ書房 ────
http://www.minervashobo.co.jp/